史料纂集

經覺私要鈔　第十

八木書店

凡例

一、史料纂集は、史學・文學をはじめ日本文化研究上必須のものでありながら、今日まで未刊に屬するところの古記録・古文書の類を中核とし、更に既刊の重要史料中、現段階において全面的改訂が學術的見地より要請されるものをこれに加へ、集成公刊するものである。

一、本書は興福寺別當・大乘院第十八世門跡經覺（應永二一三九五年生、文明五一四七三年寂）の日記であり、原本は獨立行政法人國立公文書館に藏されてゐる。

一、本書は「後五大院殿記」・「安位寺殿御自記」とも呼ばれるが、今はその名によつて經覺私要鈔の稱を用ゐた。

一、本册は、經覺私要鈔第十として、別記類を收める。

一、本書の飜刻に當つては、つとめて原本の體裁・用字を尊重したが、便宜原形を改めた部分もある。その校訂上の體例は、第一册に揭げたところと同じである。

一、本書の公刊に當つて、獨立行政法人國立公文書館は種々格別の便宜を與へられた。特記して深甚の謝意を表する。

一、本書の校訂は、本册においては、小泉宣右氏が専らその事に當られた。銘記して深謝の意を表する。

平成三十年五月

目次

目次

經覺私要鈔　第十

（表紙題簽）
「安位寺殿御自記　十二」

（表紙、別筆）
「永享御記」

（原表紙、自筆）
經覺雜〻記

（原寸縦二六・三糎、横一五・一糎）

○左邊下部闕損ス、

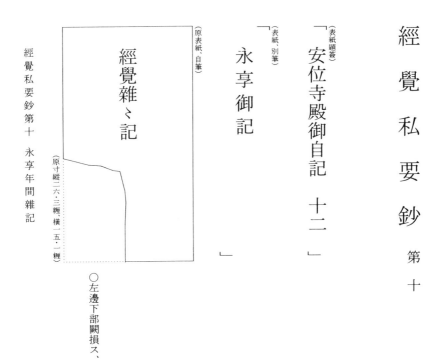

○本冊、第一丁～第九丁ニ永享二年五月七日～二十八日ノ日次記ヲ載ス、第一ニ收ム、ナホ原表紙ヲ巻末ニ綴ス、

(10オ)

○前闕、

夏和歌

短夜の月にや夏も竹の霜

明やすき月寒かさぬ霜夜かな　吹かせの神の名も

月影も夜をへて夏や竹の霜　もつ扇かな

夏草に霜めつらしき月夜かな

夜ニなりてかけある竹のほたるかな

夏竹の　浪白く水紅の蓮かな

短夜ニさやくハかせの月の霜

明やすき　ひハあつくきたるはうすき衣哉

短夜の影そと《に》霜ふる《ミる》月夜かな

月影ニ忘て夏や竹の霜　我物ニ夜さへいそく《短夜をいそく》螢哉

神かきの夏草ふかきちかひ《めくミ》かな

初冬和歌五十首

（10ウ）

神かきに（×の）めくミもひろき扇かな
とこ夏ニ神めくミを宮井〔居〕かな　影ミゆる螢ニ暮し夕かな
吹風の神かきすゝし龍田山　中〳〵に暮てみえたる螢かな

詠五十首和哥　初冬

初冬
秋ノ名殘り惜ミモアヘス冬來ト云計ニテ降時雨哉《モ袖ソサムケキ》

時雨
冬キヌト岩橋山（葛上郡）ノイハネトモ空ニハシリテ降時雨哉

落葉
チリノコル木葉ハ枝ニツレナク《エタノ木葉ハツレナキヲ》キ吹度コトニサハク風□□

草霜
秋タニモツヰニミサリシアサチウニ花ヲサカセテヲケル霜哉

寒草

（11オ）

色〳〵ニ花ハ分ツル草名モ霜ニキエタル冬ノ明ホノ

寒蘆

アシノ葉ハ《モ》カレシホレタル漆風〔湊、下同ジ〕ナニヲ吹ワカ冬ノサムケキ

氷音ノ浦門

サ夜深テコホレルホトヤシラルランヲキニキコユル樂浪ノヲト

冬月

久堅ノ《雪消テ》空ニモ《ナル》月ハコホルラン事更サムキ夜半の嵐に

夜千鳥

ヨモスカラカルモノ枕めモアハテヰナノ漆ノ千鳥ヲソ聞

水鳥

（11ウ）

岩タカキ早瀬ノ浪ハ氷出テ水音す《マセテ》カ鴛ソナクナリ《コエスナリコホリニスナル鴛トリノコエ》《ノホカノ》

網代

月景もアシロニ夜ノ氷カトミエテサムケキ宇治ノ川風

篠霰

吹風ニサムケキ雪ヤアリマ山アラレウチヘルヰナノサヘ原
風ノミヤサヤリトキカン篠庵ニヨルノミチレル霰也せハ

初雪

待ゐたり〔るカ〕甲斐コソナケレ《ナカレトヤ》初雪ノタマリモアエス降晴ニケリ

山雪

里ニサムキ時雨トミエテクモレトモ晴行山ハ雪ソミエツヘツモレル

嶺雪

アラチ山矢タノヲカケテ降雪ニ嶺ナル松モ《ハ》ウツモレニケリ

谷雪

冬フカキ谷ノ下道跡絶テ雪ニ木コリノヒマヤ《ソ》アルランシラルヘ

杣雪

杣山ニ今朝降ル雪モ泉川クタス筏ノ床モ〔マヽ〕
杣人ノタツキノ音《▨▨》モセカせヌ《聞タエヌ》日ヲへて雪〇《ハヲ》ミノヘ小山ニ

枕雪

(12ウ)

猶モタヽ待日數ヲヤ重マシフラヌ氣色ノ森ノ初雪

野雪

三十アマリ雪踏分て仕シヲミル《ラル》シルシヲハミツ《ミセツ》春日野ノ神

岡雪

降雪ニ松ノ嵐モウツモレヌ岡部ノ道ノタユルノミカハ

原雪

降雪ニ《ノ比》ノチノシノ原シル人モアマリニ降ハタトラルヽ哉

關雪

雪フラハ關トナルヘキアシカラノ竹ノ下道人イソクラシ

池雪

(13オ)

氷せヌ池ニモ雪ノツモルカト鴨ノ青葉ノ替ヲソトフ

川雪

柴船ヤ雪ケヲカケテ下ランコソテモ寒キ宇治ノ川風

湖雪

（13ウ）

□ナテシ《降雪ニ》ヤニホノ通路跡タエテ《絶ヌラン》サラテモ氷ルスマノ水うミ

浦雪

大方ノウシホクモリハ吹晴テ雪ケニカヘルスマノ浦カセ

濱雪

小夜深テ雪ニナルヲノ濱チトリ○《ハまニヤ》寒キカ《寒サヤタエヌ》本ノヒニナキ

嶋雪

雪カヽル奥ノ嶋山雪降テナハノ浦風サハリ吹らし

瀉雪

難半方キエテ《ケチテ》降雪ニ蘆火燒屋も冬籠ツヽ

田雪

秋ヨリモ門田ノ氣色物ヒレテ《取分て》ナカメラルヽハ雪ノ明ホノ

都雪

都ニテヲナシクモリノ雪ナカラ遠《先》山ニハソヤ《フリ》ツモリツヽ

禁中雪

トノモリ《百敷や》ノトモノ宮ツコイトマアレヤ雪フリ《朝ノ日》ツモル九重ノ庭雪ツモル日は朝キヨメセテ」

社頭雪

古寺雪

（14オ）

昨日マテ○《チルハチリシ》アラレノ玉カキニ今朝フル雪《ハ雪チル》ノウキ雲ノ宮

（城上郡）初瀬山尾上ヲカケテ寒暮入嵐モ鐘も雪ケシルヤト

故郷雪

故郷ノ《に》人目めかれしハ数ならて路絶ニケリ《ヨトヤ》雪ノ降らん

里雪

小倉山嶺ノ嵐モ吹寒テ麓ノ里ニ雪ソチリケル《ウチハル》

閑居雪

マレニ問人ノ跡サエヲシマレ《カリツキ》ヌ我栖山ノ庭ノ白雪」

（14ウ）

松雪

（與謝）（丹後與謝郡）ヨサノ浦ヤ松原遠く《入海かケテ》降雪ニ松葉白ケキアマ（天）ノ橋□〔夕〕テ

竹雪

夜ノ中ハツモレル程モシラレヌ《・ヌ》ヲ《・ヲ》（ヌケリ）音ニタテタル竹ノ雪折

杉雪

シルシヲハ杉ニ殘シテ降雪ノウツムマヽナル三輪ノ山本

檜雪

初瀨山ヒハラクモリヤ寒ヌランマタルヽ雪ノタノミナルマテ

夕鶯狩　雪の　雪の明ほの

若鶯ノ手歸ル袖ニ霜カケテ夕風サムシ御狩野ノ原

炭竈

降雪ニ炭ノ煙モウツモレテマカ《ハ》ヌ小野ノ里トシモナシ

爐火

ウツミ火ノアタヽカナルニシラレケリマタルヽ春ノ近クナルトハ

神樂

宮人ノ立舞袖ニ霜寒テ榊葉ウタウ聲ソサムケキ

佛名

聞人ハ佛ノ御名ニ我ツミヲ今日カスナシノ御す給ナリ

年内早梅

年内ニ梅咲ニけりウクヰスモ花ヲミシラハヰサナク也ヤ鳴ヘキ」(15ウ)

歳暮

三十あまり四十ニちかき《かゝる》年浪ノ惜キナラヰモマタシキ《コストモ老ノ春や》

名所雪

ミ子ハマタヲホツカナサ《モ》ソツモリヌル富士ノ高祢《ケリ雪ノミフカキ》ニキユヌ《（メツ）》モルシラ雪」

○第十六丁表習書、

可被學論第三卷、」

春日社恆例三十講廻請習書

(16ウ)

政所

奉唱

御社恆例三十講講衆事

（東轉經院宗信）實禪房擬講　　（發心院實弘）順堯房擬講

盛玄ｏ擬得業　　英尊得業」

永享七年正月出仕者

(17オ)
琳乘得業　融尊得業
専成得業

永享七年正月出仕

尊鶴　慶壽丸　幸照僧都
俊覺律師　(成就院)清祐法橋　懷尊得業
(傳法院)泰承得業　寛清　玄兼
(17ウ)
孝源　慶範　慶有
(南院)泰祐　(多聞院)隆舜　(多聞院)繼舜
高阿　弘阿　堯阿
福阿　千代賀　豐玉
宮鶴　有若　菊壽
安子　良実　春豐
(18オ)
辰玉　行秀　専守
良重　英実　専清

良宣　成舜　良弘

専重　懐弘　道英

重増　玄英　懐全

虎保　彦菊　十郎七郎

」

(18ウ)

春日社恆例三十講廻請習書

(19オ)

請定　御社恆例卅講事

實禪房 宗信擬講　順堯房 実弘擬講

盛玄擬得業　英尊得業

胤弘―――　琳乘―――

堯盛―――　融尊―――

専成―――　宗賢擬―――

嚴朝―――　宗胤擬―――

犎眞擬―――　乘緣―――

顯守―――　英春擬―――

」

堯尊五師　清舜（×——）得業
行懐擬〻——　実秀擬〻——
政玄〻——　頼憲擬〻——
長舜（×牪懐）〻——　重専擬〻——
重乗擬〻——　融舜擬〻——
重実〻——　懐尊〻——　円秀〻——
仲曉〻——　乗俊〻——　泰承〻——

胤舜　清乗

永享五年六月　日

別當前大僧正（經覺）（花押）

○署判ノ習書二箇アリ、

」（19ウ）

春日社恆例三十講廻請習書

請定　御社恆例三十講事

宗信擬講　實弘擬講

」（20オ）

盛玄得業

○花押十二顆アリ、

(20ウ)　一乘院領平田莊八莊官

平田八庄官

岡〵　万歳〵　野口〵　高田〵

布詭〔施〕〵　中村〵　細井戸

北隅角欤、

○花押四顆及ビ習書アリ、

(21オ)　春日社恆例三十講廻請習書

御社恆例三十講講衆事

實禪房擬講　順堯房擬講

盛玄擬得業

○署判習書アリ、

(21ウ)　永享五年二月北野社一日一萬句連歌會に列す　同年四月北野社勸進猿樂見物の爲上洛す　永享四年八月渡唐船に出資す

永享五年二月十一日、於北野社、一日一万句連哥在之、其衆廿人、予其隨一也、

同四月、自廿一日勸進猿樂在之、予棧敷二間被宛之、則上洛畢、廿三日・廿七日在之、

永享四年八月唐船被渡之、予其隨一也、

永享四年三月十七日長谷寺供養
導師經覺
讀師實意
永享四年二月十五日兒猿樂并大法師蹴鞠を見物す
和歌十五首
春七首

永享四年八月唐船被渡之、」(22オ)

長谷寺供養導師別當大僧正經覺　讀師実意(法雲院)法印

長谷寺
永享四年三月十七日長谷寺供養

導師興福寺別當前大僧正經覺

讀師法華寺別當法印權大僧都実意

導師十五日下向、同十九日歸路也、

　法印權大僧都実意」(22ウ)

永享四年二月十五日、懃行之後、猿樂兒、大法師薫藤登稱蹴鞠等在之、予依座下腫物繦、乍平臥見了、其衆幸照僧都并尊鶴以下、鞠之後終夜遊了、于時月〇以下書サズ、」

〇第二十三丁・第二十四丁習書ノミアリ、マタ第二十九丁表マテ行間ニ習書アリ、

(25オ)
詠十五首

春七首

山家立春

いとひえぬうき世那からに
棲山はまたくる春も
もてなされつゝ

(25ウ)

雪中若菜

消やらて雪ますくなき
わか那をハいく野さとを
かけてつむらん

野亭鶯

春日野に花さく梅の
やとりにてまとになれゆく
うくひすのこゑ

(26オ)

橋上霞

名もいまは長柄ニ朽し
橋はしらありとや春は

かすミいたれる

餘寒春月

春は早三十日も過て
二月の空ともみえす
月そさむけき

水郷梅

春淺き難葉の梅の
かにそへて去年の若葉の
あしのうらかせ

(27オ)

關路歸雁

白川の關路をこえて
秋ハきし雁や都の
春歸るらん

戀五首

待久戀

年をへは甲斐有へきに
松かさのいつを限と
猶へたつらん」

(27ウ)

契僞戀

しらさりき兼てたのめし
さゝかにのいとうきふしに
ならん物とは

急夕戀

いか計久しき物と
思ふらんたのめてくるゝ《□□を□□》《けふとたのめて》」

(28オ)

くるゝかきりは

憑夜戀

さりともの情を月に
たのむ哉身のため人は

よしつらくとも

厭暁戀

とつぬ夜も《そふ時も》あふし夜りそうき《待□もつらき》

面かけて有明の月の

影をみるかな

雑三首

雑三首

(28ウ)

庭松舊

つき山の《庵の》姿も庭も

舊にけりのこる《むかし》むかしの

松ハかりには

竹生窓

山さとのそはなる竹を

(29オ)

たよりにてかけつ□りなる

きと《(×の)》もなりけり

祝言

春日なる神のさかき葉

しけれたゝそのかけ憑む

身を思ふ□〔とカ〕も　」

○第二十九丁裏〜第三十一丁表習書アリ、

「(表紙題簽)安位寺殿御自記　十三」

「(表紙、別筆)興福寺僧綱補任經覺御筆

大乘院」

(原表紙、自筆)

永享七年三月書之、

仍廿年以前分不同也、

興福寺僧綱補任

(經覺)(花押)

(原寸縦二一・四糎、横一七・〇糎)

○第一丁表白紙、

（1ウ）

一兩門跡直任少僧都轉正少僧都事近來事欤、

一青〔清〕花輩任〔叙〕法眼

一良家住侶任律師

兩門跡は少僧都に直任す　權少僧都より少僧都に轉ずるは近來の事　清華家出身者は法眼に叙す　良家住侶は律師に任ず

興福寺僧綱

（2オ）

二度 別當 法務大僧正 良昭 广永八入滅 （應、下同ジ）

二度 別當 法務大僧正 孝尊 正長元入滅

二度 別當 僧正 圓守 明德二入滅 公請證

別當 僧正 覺成 广永五卒

別當 僧正 覺家 明德三十二八卒

二度 別當 僧正 圓兼

別當 僧正 孝憲 广永十四卒

權少僧都 良清

權少僧都 實晴

法印 權大僧都 興忠

法印 權（又少）大僧都 成雅・

權少僧都 乘經

法華寺 法隆寺 別當 僧正 大安寺 公請證 長懷

藥師寺 別當 前大僧正 長雅 广永十七卒

西大寺 別當 權僧正 實惠 广永九卒

別當 前大僧正 孝圓 广永十七入滅

別當 權僧正 圓尋

大安寺 別當 權僧正 隆俊

法隆寺 公請證 權別當 權僧正 實雅 广永十六卒

別當 僧正 良兼 广永十八入滅

法華寺 別當 僧正 實照 广永卅二〔三〕卒

法隆寺 後清水寺 別當 權僧正 兼覺

公請證數年 西大寺 二度 別當 僧正 光曉 改圓曉 永享五卒

法印 權大僧都 教家

（2ウ）

清水寺 後法隆寺 別當 僧正 孝俊 公請證

探題 遂講 法印 訓専

良雅

公請證 別當 大僧正 宣雅 覺雅ニ改了、

直任別當 隆秀 公請證

季頭 田樂頭 遂講 法印 權大 良深

公請證 〔權脱〕別當 〔權脱〕僧正 乗雅 广永廿四卒〔辭〕

探題 遂講 法印 良繼

法眼 遂講 慶家

法印 堯秀

公請證誠 實意 別當 權僧正

田樂頭 遂講 探題 清心 權大僧都 永享五逝去

權僧都 實尋

田樂頭 良英 權大僧都

權大僧都 興雅 广永廿五卒

別當 僧正 昭圓 永享九入滅

公誠請 田樂頭 清水寺 俊圓

田樂頭 重覺

大安寺 別當 僧正 空昭 广永卅一年卒 公請證

別當 僧正 光雅 广永卅三〔四〕卒

法印 權大僧都 良祐

田樂頭 西大寺 兼曉

隆乗

權律師 良尋

田樂頭 季頭 藥師寺 別當 僧正 隆雅

季頭 田樂頭 法印 懐基 永享六死

探題 遂講 季頭 田樂頭 貞兼 大安寺 法花寺

法印 田樂頭 堯英

大安寺別當 權僧正 兼昭 永享八十三〔二脱〕卒

經覺

法印 季頭 田樂頭 印重

遂講 權少僧都 幸照 永享十二卒

法印 什實

└─

（3オ）

法印 了曉　能意 永享八五死　空俊　季頭 田樂頭 朝英　僧都 訓憲 永享八十二日卒　嘉吉三三廿六卒 田樂頭 嚴融 法印

善圓　季頭 田樂頭 法印 重弘　快弘　權少僧都 堯尋 永享八六廿九卒　胤弘 永享六任　季頭 田樂頭 法印 堯專

永享十正三卒 權律師 隆慶　炎尊　田樂頭 専成　季頭 田樂頭 尊英 權大　田樂頭 遂講 探題 専慶 權大　嘉吉三九六逝去 田樂頭 實弘 永享六任

盛玄 永享九二卒　季頭 田樂頭 泰經　季頭 田樂頭 榮快　俊覺 永享八六十二罪科　權大 實耀 永享六任律師　嘉吉三二逝去 堯盛 永享七任

融尊 永享七任律師　田樂頭 宗賢 永享七任　嚴朝 永享七任律師　宗胤 永享七任　田樂頭 政玄 永享八十一廿三任　牸眞 永享八十二十二任

永享十二年卒 乘縁 永享八十二十三任律　嘉吉三正二卒 英春 永享八五十二任律

○第三丁裏白紙、

（4オ）

光曉　孝俊　乘雅　教家　隆家（雅）　經｜（覺）　堯秀　覺尊　兼昭　良雅

良祐　琳秀　懷基　良弘　懷憲　實意　良深　隆秀　良專　光昭

長專　光圓　懷祐　印重　兼曉　印憲　貞兼　清心　堯英　光覺」

（4ウ）

嚴融　▨英（朝）　尊英　眞乘　行專　什實　堯專　昭｜（圓）　重弘　俊覺

隆乘　堯尋　教快　良尊　了曉　能意　胤英　隆慶　專慶　俊尊

空俊　訓憲　光耀　宗信　善円　快弘　泰經　實弘　專成　英尊」

（5オ）

盛玄　胤弘　英春　堯盛　融尊　宗賢　嚴朝　宗胤　堯尊　顯守

政玄　弉眞　堯繼　清舜　實秀　印經　融舜　賢慶　俊實　長舜

光宣　良朝　融實　俊盛　慶實　賴英　懷尊　覺融　光胤　行弘」

（5ウ）

英憲　順實　弉弘　永秀　乘俊　教｜玄　快經　兼円　英算　尋｜尊

長尊　長英　専尋　泰承　頼弘　光舜　琳清　好英　乘秀　英深

宗秀　盛円　俊深　兼雅　増秀　弁弘　貞祐　祐盛　」

○第六丁～第九丁白紙、

（表紙題簽）
「安位寺殿御自記　十七」

（表紙、別筆）
「文安三年二月　日
細呂宜郷下方引付
經覺」

（原表紙、自筆）
文安三年二月　日
文安三 寅　卯　辰　寶徳元 巳　午　未　〔享徳元〕 申　酉　戌
康正元 亥　子　丑　寅　卯　寛正元 辰　巳　午　未
申　酉　文正元 戌
細呂宜郷下方引付

（原寸縦二〇・五糎、横一六・五糎）

○第一丁表白紙、

（1ウ）

經覺料所越前河口莊細呂宜郷下方年貢引付

文安二年分

一年貢事、丑年分（文安二年）　丙寅（文安三年）二月廿七日卅八貫九百沙汰之、冬〻八十貫沙汰之、都合百十八貫九百欤、此内百十四貫丑年□（分）、殘四貫九百寅年分也、

文安三年分

一寅年ゝ貢事、丁卯（文安四年）三月五貫、六月十貫、八月二十八貫五百、十一月二十貫、十二月十貫欤、ヿ年分八十計沙汰欤、殘分三十四貫計欤、未進、

文安四年分

一卯年分　戊辰（文安五年）六月廿貫、同七月百十四貫分令究濟了、

文安五年分

一辰年分、同十二月五十貫沙汰了、先年對馬（覺朝）下向時、土雜五貫沙汰了、三年十五貫分可沙汰云ゝ、

一巳年三月十五貫沙汰了、去年未進也、

（2オ）

文安三年二月宮鶴丸同二年年貢を請取り上進す

文安三年二月廿七日、自越前細呂宜郷（坂井郡河口莊）下方分請取之由、宮鶴注進、綿一屯・割符二・苧六十八両二分三未（朱カ、下同ジ）餘沙汰之、到來了、

宮鶴丸供米代請取狀

請取　細呂宜郷下方御供米代事

合卅四貫四百十文者、

錢分

一錢分事

土別綿

白苧幷土別苧

去年分且請取春日社一切經供料方未進あらば三分を配分す

（2ウ）

合四貫四百八十七文者、

一土別綿事

合六兩一分二才者、

一白苧幷土別苧事

合六十八兩三分三朱一才者、

右去年乙丑年分且所請取申也、若一切經衆方ニ未進候者、此內三分欤者、可致配分沙汰候、仍請取申狀如件、

文安三年丙寅二月十三日　　宮鶴判

甲斐常治と交渉の爲實盛を上洛せしむ

甲斐方に贈遺の酒樽二荷京上を賢秀に命ず

宮鶴丸を下し細呂宜郷下方年貢を催促せしむ

（3オ）

同廿八日、

明教(實盛)ヲ上京都了、付宮鶴注進、甲斐方(常治)ニ爲問答也、

一爲遣甲斐方、榼事二荷分仰遣南都了、明日廿九日、可沙汰上之由、仰中務丞賢秀畢、

同九月、

宮鶴下越前細呂宜郷了、下方年貢等爲催促也、

同十七日、
細呂宜郷下方政所堀江越前守久用、去十四日、於加〻〔賀〕國合戰之時、堀江黨三十余騎被打了、其隨一而彼久用も被打了云〻、言語道斷之次第也、
同、(マヽ)
宮鶴上洛、下方御服十四屯持參了、
同十月五日、
宮鶴爲下向北國出門了、
同九日、
下(×向)宮鶴於細呂宜鄕了、
十一月一日、
細呂宜鄕御服十一屯到來、此內三屯宮鶴（3ウ）以代錢屯別壹貫六百文、合四貫五百進之、今卅疋相違歟、
現綿八屯到來了、
十二月廿六日、
宮鶴京まて上洛云〻、安位寺(葛上郡)へハ大晦日ニ下向了、年貢沙汰事、

細呂宜郷下方政所堀江久用加賀に討死す
宮鶴丸下方御服十四屯持參
宮鶴丸越前下向
宮鶴丸を細呂宜郷に下す
下方御服十一屯
三屯は代錢納
三百文不足す
現綿八屯
宮鶴丸上洛し大晦日に安位寺に下向す

去年分年貢納入
文安三年分は全分未進
文安三年分御服綿は定額三十二屯半皆濟
文安二年分は一屯
文安二年分絹は定額三巻内二巻巻別二貫五百文一巻一貫八百文計六貫八百文納入
三年分は巻別二貫五百文計七貫五百文納入
宮鶴丸上洛粮物五貫文
負擔者不明
支出者公文代
文安四年細呂宜郷下方政所補任
任料五貫文
去年未進分五貫文納入す
宮鶴丸出家法名對馬公覺朝
去年下向し土雑事を催促す
政所堀江代官德田五貫文を納め十五貫文納入を約す

八十貫文是ハ去年分由出請取由申之、然者當年丙寅年分者、全分未進也、

一綿事、未進分七屯欤、前後沙汰分十四屯ト十一屯ト合廿五屯、宮鶴一屯拜領、都合二十六屯欤、然者今六屯半也、悉究之云々、神妙、これハ丙寅年分也、乙丑年分一屯外一向無沙汰、嚴密可加問答者也、」

（4オ）

一絹事、上絹乙丑年分二巻ハ二貫五百ツヽニテ、於國宮鶴ニ渡之、今一巻ハ一貫八百文分ニテ、別而歎申之間、無子細閣了、都合丑年分者、六貫八百文沙汰了、丙寅年分ハ二貫五百ツヽノ分ニテ、三巻分七貫五百渡宮鶴了、

一宮鶴上粮物五貫文沙汰云々、地下沙汰欤、政所沙汰欤、未分明、沙汰出所者公文代云々、

文安四年三月三日上木阿ミ於京了、是爲補細呂宜郷下方政所也、

一任断事、儀計にて五百疋沙汰了、

一去年（丙寅年分）未進五百疋沙汰了、

共以三月中旬事也、」

（4ウ）

一宮鶴出家、法名對馬（覺朝）、去年下向、（細呂宜郷）土雑事、百性申子細不致沙汰之間、重々問答了、仍以前五百疋重千五百疋可致沙汰之由、德田（左衛門三郎）堀江代官、請申了、

去年未進年貢催促の爲德市法師を細呂宜鄉に下向せしむ
粮物一貫文と年貢內五百文を給付す
絹并綿及び糸の量目を指示す
德市割符を進む
德市上洛す
經覺京宿所へ翌日參仕を命ず
德市綿并割符等を持參し米三十石收納を報ず
綿の半分を河口莊寺門定使に給す
綿は文安二年分
德市越前下向
德市割符を進む
德市上洛
年貢十七貫綿一屯收納
御服絹三卷代七貫五百文
絹を買ふ
絹九卷持參す

一四月九日、爲下細呂宜鄉、德市法師召下了、來十三日丙戌、可罷下之由仰付了、去年未進爲催促也、粮物百疋下行之、重以年貢內五十疋可取之由仰付了、下部一人召具可下之間、如此下行了、

(5オ)

於國誂物事、百別六文目ノ糸ニテ百目ノ絹五卷、(×疋)・七十目ノ糸ニテ七十五文目ノ絹」三卷、百別十三文目ノ綿十貫文、并百別七文目ノ糸一貫五百文ニテ取テ可下由仰付了、

一同六月二日、割符一自德市方到來了、

一同八月廿日、德市上洛、着京都、今日日次不宜之間、明日可來之由仰含了、在京時分也、

同廿一日、綿卅二屯半・割符一持來了、此外八木少〻納置云〻、十八貫五百代分卅石收納云〻、御服之內半分給定使了、綿丑歲分也、

一同十月中旬、德市下北國了、」

(5ウ)

一同十一月十三日、自德市方割符二令到來了、

一同十二月九日、德市上洛、年貢十七貫計沙汰云〻、以外之無沙汰也、綿一屯同到來了、又御服絹三卷、壹卷別二貫五百云〻、成代錢七貫五百沙汰了、少〻絹ヲ買畢云〻、彼是九卷持來了、

文安五年
細呂宜郷年貢未進を甲斐常治に催促す
返答嚴密
徳市を越前に下遣す
徳市九郎次郎に托し割符を進む
徳市上洛
文安四年分年貢百十四貫六百餘文皆濟す
御服綿は去年一屯本日三十屯半餘納入す
結解し皆濟すと
當年分は且五屯納入す
本日到來分三十五屯半餘
徳市上洛し綿幷割符を進む
文安四年覺朝下向時土雜事五貫文納入し三箇年分十五貫文納入を約す
當年未進分
文安三年分未進

（6オ）

文安五年辰

細呂宜郷事、去年全未進以外之間、仰遣甲斐方(常治)旨在之、返答嚴密之間、悦喜者也、仍四月末下遣徳市於越州了、」

一同六月五日、自徳市方割符二令到來了、九郎次郎便宜也、

一同七月十四日、徳市上洛、年貢事、百十四貫六百餘之內、六月五日二十、其殘只今令究濟了、九十六〔四カ〕貫六百餘欤、卯歳分皆濟、

（6ウ）

一御服事、卯歳只今卅屯半八才沙汰、是も」去年一屯、猶令結解令究濟云々、追可散勘〔算〕也、

一辰(當年)年分且五屯沙汰云々、都合只今到來分卅五屯半餘欤、

一徳市十二月廿八日上了、當年分割符(綿六屯)五(六)沙汰了、以外之無沙汰也、先年對馬(覺朝)下向之時、土雜事五貫沙汰了、三ケ年十五貫可沙汰云々、

未進分辰年分五(×六)十四貫六百余在之、

一寅年未進十五貫文在之、」

（7オ）

文安六年

細呂宜郷辰年未進且十貫文到來、五月四日、

一六月末、徳市爲御服收納下細呂宜郷畢、粮物一貫五百文遣之、

一九月七日、徳市上洛、辰年未進御服廿一屯半、當納五屯、合二十六屯半沙汰了、

一御米未進事、四(×五)十(×一)四貫四百之内、十貫沙汰了、下方政所土用鶴事、依未進、八月中旬以使者問答守護代(甲斐常治)之處、」沙汰次第不可然之間、闕所之由返答了、則下知(小脱カ)守護代之間、入部使(×以)押置間、先十貫分沙汰之、其余事、依無才學(覺)、只今不沙汰之由申云々、

(7ウ)

辰年殘分三十四貫余、寅年分十五貫余、合五十計欤、

十一月十日比欤、細呂宜郷下方

一壬十月末、絹二卷自徳市方到來了、所出在所不聞、

一壬十月末、千疋沙汰了、辰年未進欤、

一十五貫辰年未進沙汰了、

宝徳貳年正月四日

(越前坂井郡)坪江油免綿五屯到、徳市上洛了、

文安六年
去年未進内十貫文到來
御服收納使徳市を下す
徳市上洛し去年未進分と當納分二十六屯半持參す
御米未進分内十貫文納入す
未進により下方政所土用鶴丸を闕所とし小守護代使十貫文を押置き納入す
去年分三十四貫餘文安三年分十五貫餘未進
徳市絹二卷を進む
十貫文納入
去年未進分十五貫文納入
寶徳二年
坪江郷油免綿徳市上洛

去年分細呂宜郷下方御服二屯と錢五貫文収納

木阿彌を派し甲斐常治と未進年貢納入を交渉せしむ

堀江左衛門三郎代官德田中務丞現納二十貫と借書分十貫の殘分七十九貫六百餘文を今月中に皆濟し御絹御服は七月中究濟との請文を提出す

常治書狀を出し納入日限違反せば別人を下方代官に補し納入せしむる旨約す

一細呂宜郷御服貳屯到、〻辰（巳）年未進內也、」

（8オ）

料足五貫文沙汰了、巳年分、

一細呂宜郷下方事、餘無沙汰之間、重〻甲斐（常治）ニ問答了、使木阿、四月七日下向了、肝要

只〔今脫カ〕三十貫二十貫現納、十貫借書、相殘七十九貫六百余分、今月中可沙汰之由、堀江左衛門三郎代官得〔德〕田致請

文、其趣ハ、

一御年貢去年未進分、今月中可皆濟事、

一御絹・御服七月中可究濟事、

已上兩条、又甲斐狀を出了、

御樽一双・笋拜領畏入候、殊可賞翫仕候、就中細呂宜郷下方未濟分事、堅申付候間、

且納申、相殘分今月中ニ可致究濟之由、同請之狀を出候、万一過日限候者、別人ニ申

付、嚴密ニ可致沙汰候、」此等之趣、委細令申御使候、可得御意候、恐〻謹言、

（8ウ）

卯月二日　　常治判

因幡上座（福智院隆舜）御房

徳田中務丞割符五通持參し殘分二十九貫餘の優免を請ふも之を聽さず

日々歎願するにより二十貫納入せしめ九貫餘は減免す

徳田十五貫納入を申す

同五月二日、堀江左衛門三郎代官徳田中務丞割符五持來了、只今此外ニハ雖爲少事不可有才學〔覺〕由、種々歎申、然而既致嚴重請文上者、悉不致沙汰者、不可請取之由問答了、四日五日日々余歎申之間、所詮廿貫可致沙汰、殘九〔×二〕百疋餘可閣之由問答了、仍今千五百疋分可致沙汰之由申之間、先可爲其通、」

（9オ）

契約分十五貫文納入す

借物十貫文も納入す

綿未進分納入殘未進十一屯半

石井在安未進綿納入を報ず

去年分皆濟

同七月初、契約分十五貫文致沙汰了、

一借物十貫モ沙汰了、

一綿未進分十四屯、七月末木阿請取之畢、殘未進十一屯半歟、近日可致沙汰之由申云々、

一綿十一屯半、八月十一日沙汰之由、石井〔在安〕河内申下了、都合去年分究濟了、

寶徳三年徳市法師上洛し坪江郷油免綿同郷内貞依名綿を持參す

細呂宜郷所出分は絹二卷錢九貫文

寶徳三年 油免綿十一屯半百廿三文目、〔坪江郷〕貞依名綿三百目、同到來了、

正月朔日、徳市參申、昨夜自北國令上洛云々、就其細呂宜郷所出分絹二卷・料足九貫文沙汰云々、言語道斷次第也、」

（9ウ）

徳市越前下向
細呂宜郷下方
年貢三十貫收
納
十貫は文安二
年未進分
去年分は四十
九貫餘收納
未進分七十餘
貫文
越前守護代甲
斐常治本年よ
り小守護代兩
人に細呂宜郷
下方を直務せ
しめ南都年貢
は使者に渡す
を約す
使者德市法師
を下向せしむ
德市三十貫文
を進む
德市上洛し御
服三十六屯半
を持參す
坪江鄉油免綿
も持參す
去年分年貢代
百十四貫六百
文餘皆濟す
德市上洛本年
年貢二十貫持
參す
堀江左衞門三
郎在京

一同（去月十六日下國了、）三月十八日、徳市自北國下方分（細呂宜郷）□〔且〕三拾貫沙汰了云々、此内十貫寅（卯）年未進分、仍去年午歳分貳十貫也、又徳市上洛時貳十貫沙汰了、合午歳分四十九貫餘沙汰欤、殘分七十余貫欤未進也、

一細呂宜郷下方去年分無沙汰事、被仰守護代甲斐之間、自當年國兩代官令直務、於南都年貢者、可渡申御使之由、出書下之間、六月二日令出門、同六日ｏ（徳市法師）罷下了、粮物百疋被下行了、國兩代官方へ織色帷一・茶二裹各被遣了、

(10オ)

一七月五日、自徳市方三十貫（細呂宜郷下方）到來了、

一八月三日、徳市上洛、御服（細呂宜方）事、去年未進貳拾（×壹）七屯、當納分九屯半、合三十六屯半沙汰了、一油免綿四百目計同到來了、（×下）徳市同持上了、

一午歳未進三十五貫餘究濟云々、前後都合百拾四貫六百餘欤、

一徳市十二月廿四日欤上洛、綵（マヽ）細呂宜郷（下方）當年年貢廿貫沙汰了、在京（堀江）之間如此無沙汰云々、言語道斷之次第也、絹二卷沙汰、

□事、

□〔十〕一屯・裄足九十四貫・絹一卷也、

寶徳四年坪江郷油免未進催促の爲徳市を越前に派遣す
堀江二位公去年未進內一部を上進す
未進御服十八屯
未進料足八十四貫餘
徳市越前下向
徳市上洛し十五貫文割符を持參す
十貫は文安元年分に立用
去年未進殘分八十貫文
去年未進御服綿十七屯
河口莊坪江郷大乘院門跡段錢催促使に細呂宜郷年貢催促を命ず
徳市割符二通上進す
坪江郷禮節用脚
細呂宜郷未進分
段錢催促使徳市河口莊より上洛し細呂宜下方御服綿二十六屯持參す

(10ウ)

寶徳四年

三月廿二日、徳市下北國了、爲油免未進等催促也、

一四月八日、細呂宜郷下方去年未進之內、綿三屯・絹一卷・(〆綿)割符一、堀江二位公沙汰了、

未年未進御服十八屯・料足八十四貫余欤、

一三月廿四日、徳市下北國了、

五月二日上洛、細呂宜郷下方割符壹半令到來、十五貫文也、此內十貫者、寅歳元分立用、合

去年未歳分、三十五貫沙汰了、殘分八十貫也、又綿一屯同沙汰了、

去年未進御服十七屯欤、

(11オ)

一門跡反錢爲催促、五月廿日欤、徳市・慶徳両人下向河口庄(越前坂井郡)・坪江郷了、以次可催促細

呂宜郷由仰付了、

一六月廿七日、自徳市方割符貳(〆三)・上了、一者坪江郷禮節用脚云〻、今一ハ細呂宜郷未進之內

令借用進云〻、但書狀之趣不分明者也、追能〻可尋記之、使者申分也云〻、

一門跡反錢爲催促、五月中旬徳市下河口庄畢、壬八月十三日上洛、細呂宜郷下方綿廿六屯

去年未進分を引き當年分九屯
御米代十貫文持參
未進分は七十貫文
未進內十貫文到來
德市上洛し去年未進六十貫當年分七十五貫文持參す
當年未進分四十餘貫文
當年分絹三卷
綿五屯進納し當年分十四屯既納十八屯半未進
享德二年
德市綿一屯持參す
未進十七屯半
德市越前下向旅粮は年貢內より取らしむ
德市去年未進年貢割符を上進す
德市上洛す
去年未進分三十九貫六百十六文を皆濟す

致沙汰了、此內去年未進十七屯引之、殘九屯當納分歟、
一御米代十貫文同致沙汰了、
□未進七十貫在之、
一十二月□日、十貫文未進內到來、
一十二月□〔廿〕五日、德市上洛、當納去年□〔未〕歲未進六拾貫、當納七十五貫沙汰了、神妙〳〵、」（11ウ）
未進四十餘貫歟、（享德元年十二月二十四日、德市坪江鄉後山年貢ヲ納入スルコト、廣島大學所藏大乘院記錄到來引付ニ見ユ、）
一絹三卷當年分、
享德二年酉歲　○コノ行追筆ナリ、
一綿五屯當年分十四屯沙汰歟、十八屯半未進歟、三月歟、
一十一月五屯兩使持來了、
一細呂宜鄉綿壹屯德市持上了、六月廿三日、殘十七屯半歟、
一七月十六日、德市法師下北國了、粮物以年貢之內可取之由下知了、
一七月廿七日、割符□〔二カ〕自德市方上了、細」（12オ）呂宜鄉年貢云〻、申年未進也、
一九月十三日、德市上了、申歲未進皆濟、合三十九貫六百十六文、此〔內脫カ〕十貫者七月廿七日沙

汰、十五貫興善院(清憲)返、五貫九百入(又入)道借用方、合三十貫九百分直渡了、殘分九貫餘、
一御服去年未進皆濟十八屯歟、當納三屯半沙汰了、以上廿一屯半、
一引出物上絹二卷同沙汰之、當年分也、
一油免綿六屯沙汰之、當年分且、
一綿細呂宜鄉六屯沙汰、寺門使上洛次也、都合當年分九屯計沙汰歟、
一德市上洛、用途三十貫細呂宜鄉當年分、分也、所濟不可說也、在京政所故云々、殘八十四貫餘歟、」

(12ウ)

享德三年

三月廿四日、細呂宜鄉去年分拾貫文沙汰、
一細呂宜鄉未進事、無沙汰過法之間、重々令問答甲斐之處、所詮自當納兩守護代(小脫)令收納、左衞門三郎分云未進云當納、自兩守護代方渡定使德市、有殘分者、慥可渡政所之由、成書下了、
細呂宜鄉下方年貢事、堀江左衞門三郎依無沙汰、自(經覺)安位寺殿切々雖御催促候、兎角無其沙汰候、所詮自兩人彼在所致所務、南都年貢當納幷未進分事、安位寺殿」御使ニ嚴

(13オ)

興善院清憲幷入道丸に借金返濟
御服綿去年未進皆濟
當年分三屯半納む
引出物上絹二卷
坪江鄉油免綿
寺門使節に托し納入
德市上洛當年分年貢三十貫持參す
政所堀江左衞門三郎在京により所濟減少
享德三年
越前守護代甲斐常治小守護代兩人に本年年貢收納せしめ政所堀江左衞門三郎未進分とも定使德市渡進を命ず
殘分あらば政所に渡すべし
甲斐常治書下小守護代兩人に下方所務を命ず

政所得分は堀江左衛門三郎に給付せしむ

重ニ可被執（×■）進候、至得分者、左衛門三郎方へ嚴密可被沙汰遣也、恐々謹言、

卯月二日　　常治判

甲斐四郎左衛門尉殿

一井帯刀左衛門入道殿

徳市を下し坪江郷油免年貢米収納分を銭に代へしむ

両小守護代に下方所務を命ず

卯月十三日、坪江油免八木五十余石納置分、爲成代錢、今日下德市於北國了、茶十袋神宮護國寺へ遣之、又兩守護代所へ各茶三十袋遣之、細呂宜所務事仰付了、注文在別、

未進分

未進分

年貢七十貫四百疋（文カ）餘、綿二十四屯（三屯半）、絹一巻、

當納分

當納分

年貢百十四貫六百（×八百）卅（×九）六文、綿卅二屯半、絹三巻、

（13ウ）

未進内五十貫進納

借下分十貫文堀江左衛門三郎進納す

一五十貫未進之内沙汰之、五月又十貫文被借下分出借書、以代官左衛門三郎（堀江）沙汰之、

去年未進分綿十三屯

一去年未進分綿十三屯・絹一巻、當納絹二巻、德市上洛時（十月九日）沙汰了、十月十日也、

借下内六貫文割符にて納む

一料足六貫文今度借下内也云々、同以割符沙汰了、同御參（持カ）了、

利平無沙汰

坪江郷油免綿

一綿去年分猶十屯餘未進欤、料足四貫餘利平等無沙汰也、　一油免綿六屯沙汰了、

去年未進分綿六屯

當年分十貫文

十月十日到來の割符を問屋に付するに放狀を出すにより國一倍の額上進を命ずのち問屋領狀するも猶國一倍上進を命ず

割符を木阿に渡す

五郎綿四屯割符一持參す去年未進綿二屯

買物以下算用分

享德四年

康正元年八月九月に三十三屯半納入一屯は去々年未進分

一綿四屯細呂宜鄕沙汰、十一月十五日到來、猶去年未進六屯歟、
一十貫文十一月廿六日到來、當年分歟、
(14オ)
一十月十日沙汰割符付問屋處、放狀沙汰之間、以國一倍可沙汰之由、仰遣在國定使德市法師畢、爰十一月廿六日重上此割符、別而遣狀於問屋之間領狀云々、然而猶以國一倍分可沙汰之由可仰遣旨、仰付木阿了、
一割符一渡木阿云々、十二月十九日歟、
一五郎上洛、十二月廿一日、綿四屯細呂宜鄕也、・割符一、猶去年未進二屯也、
一割符一十二月廿八日、到、買物以下散用分、
一綿壹屯到來、

(14ウ)

享德四年

壬四月十一日、去年未進拾貫文沙汰之、
一十貳屯　康正元年八月十日弁、
廿一屯半　同九月十六日弁、

三十二屯半は去年分全額

酉歳分一屯未進、其外者戌年分皆濟、

十一屯　十月十二日沙汰、當年分也、

年貢納入

一年貢事、

去年未進分

卅貫　康正元八月沙汰、戌年未進之內也、(×也)

七貫　同十月十七日沙汰、」

(15オ)

康正二年

康正二年

御服綿三十二屯半絹一巻は享徳三年未進分

九月十四日、德市上洛、細呂宜鄉下方綿卅貳屯半・絹一卷也、去々年未進、

一年貢廿貫沙汰、

坪江郷油免綿

一油免綿八屯沙汰之、

年貢殘分四貫餘

十二月九日、只今沙汰分十貫ニテ、殘分四貫余欤、沙汰候者可究濟分者也、

當納四十五貫十貫文德市に遣す

一當納四十五貫沙汰之、又十貫文明年五月可沙汰之由申間、借物方ニ遣德市了、合五十五貫沙汰欤、」是十二月廿一日上洛了、

(15ウ)

當年分絹三巻

一綿一屯・絹三卷當年分、到來了、此一屯ハ未進廿屯內欤、

坪江郷油免綿

一油免綿三屯沙汰了、

康正三年堀江左衛門三郎年貢三十貫納入

楠葉元次上洛下方綿并坪江郷油免綿持参

康正三年　四月卅貫文左衞門三郎沙汰、

八月廿五日与一(楠葉元次)男上洛了、六月廿八日下向、綿二十一屯當年分云々、油免綿八屯、

去年未進十九屯　當年未進十一屯半

(16オ)

長祿二年楠葉元次越前より上洛し國内合戰に敗れ下方政所甲斐八郎五郎逐電するを報ず

坪江郷油免綿

長祿二年九月十四日、与一自北國上洛、依國合戰、細呂宜鄉下方代官甲斐八郎五郎逐電了、仍御服等全分不沙汰、纔六屯沙汰之云々、

油免綿五屯進之、

寛正二年下方政所糀井信久約を違へ御服綿進納せず

寛正二年未進十三屯、此内七屯可沙汰由、糀井(信久)雖領狀候、終不沙汰、仍十三屯未進、

(16ウ)

寛正三年楠葉元次未進内五屯納入を地下人と契約す

地下請五屯内一屯納入

寛正三年分十余屯未進歟、此内五屯者、新右衞門尉(楠葉元次)於地下契約云々、明年可沙汰云々、

未進七屯半未進(衍カ)歟、此地下請五屯内壹屯沙汰、殘四屯(無脱カ)沙汰云々、

寛正四年元次十三屯上進す
當年分は八屯
楠葉元次上洛
細呂宜郷年貢全分未進
御服綿は十一屯納入二十一屯未進
坪江郷牧村名去年分年貢十貫文納入
寛正五年年貢催促使を下遣す
楠葉四郎右衛門十貫文上進
弓阿三貫文上進
七貫文は借進
年貢百四十貫文内二十貫文納入
弓阿三月二十八日上洛
借用七貫文は四月四日上進
牧村名年貢來月請負ふ
坪江郷後山御服綿去年分全分未進し綿六屯分の代として馬一疋進む
腿に傷あり三四貫と評價す

寛正四年新右衛門尉執沙汰分十三屯、此內壹屯代錢也、五屯未進ニ引之ハ、殘八屯當納也、

同十二月卅日、新右衛門尉上洛、細呂宜郷年貢一錢モ不沙汰、希代次第也、御服三屯沙汰、絹二卷、御服八十一屯、前後沙汰分也、殘廿一屯無沙汰也、(坪江郷)牧村年貢拾貫文沙汰、去年分歟、」

(17オ)

一寛正五年二月、就細呂宜郷下方事罷下畢、其內楠葉四郎度〻ニ拾貫文出之、又下遣弓阿相尋之處、三貫文持來了、又七貫文者、次郎四郎ト云者ニ借用、新右衛門尉雖有狀、無申置旨之間、不可出之由申之間、事闕子細內〻以南坊(大聖院齋尊)等入魂之間、借進云〻、百四十貫文內彼是貳拾貫文沙汰也、三月十一日弓阿令下向、同廿八日上洛了、於七貫者、四月四(×日)・日令下(上カ)進了、

牧村年貢事、來月請申云〻、

一(坪江郷)後山御服年貢去年全未進、而馬一疋月毛、代ニ報進之云〻、綿六屯(×兩)・分云〻、有疵モヽ也、三、四貫計分歟之由可治定、」

(17ウ)

一細呂宜郷年貢廿貫沙汰了、言語道斷次第也、

下方年貢二十貫上進す
牧村名年貢十三貫納入中當年分三貫未進十七貫
下方御服綿去年未進二十一屯内十餘屯納入
坪江郷油免綿は現綿と代錢
同郷中山御服綿は代錢納

一牧村年貢十三貫沙汰、去年分ニ拾貫文引間、當年分三貫也、今十七貫無沙汰也、
一御服事、去年未進廿一純〔屯カ〕、此内當年十余屯沙汰了、重可交合、
一油免綿五屯内三屯現綿、殘二屯代錢也、
一（坪江郷）中山綿以代錢沙汰了、五屯分欤、

（18オ）

寛正六年
下方御服綿
坪江郷油免綿
鳥越綿
坪江郷牧村名年貢去年分十七貫當年分二十貫未進

寛正六年
一御服十五屯沙汰了、油免綿二屯、又一屯、
一鳥越綿三屯沙汰了、
一牧村年貢一錢モ不沙汰、以外事也、去年分十七貫未進、當年分廿貫、合卅七貫未進也、
此内七貫〔文正元〕五百〔沙汰〕沙汰了、

文正元年
牧村名年貢
黑岩關關料
後山御服綿

文正元年
牧村年貢十〇三貫沙汰、（宇陀郡田口莊内黑岩關）關析二貫沙汰之、
一後山綿三屯到來、

細呂宜郷御服并年貢全分未進

應仁元年

楠葉元次堀江民部丞の年貢無沙汰を越前守護斯波義廉に訴ふ

義廉兩小守護代をして未進分并當納分皆濟を命ぜしむ

（18ウ）

一細呂宜郷御服・年貢一塵モ不沙汰、以外事也、

應仁元年文正二三五改元、

十月十五日、堀江民部無沙汰事、楠葉新右衛門申武衛（斯波義廉）之間、昨日十四日、出書下トテ賜之、

祝着〳〵、

安位寺殿御領細呂宜下方去年年貢分事、堀江民部丞無沙汰之由被仰候、事實者太不可然、

急速可究致濟、同當年分事、嚴密皆濟候樣、堅可被申付之由候、仍執達如件、

广仁元
十月十四日　　信久判

一井出雲入道殿

平右馬新左衛門尉殿

」

應仁二年

楠葉元次をして管領斯波義廉に下方年貢未進事を申さしむ

義廉堀江民部丞に文正元年二年分年貢皆濟を命じ民部丞之に服す

（19オ）

應仁二年四月、楠葉元次罷上京都、細呂宜郷事、無沙汰子細申管領左兵衛佐（斯波義廉）處、肝要兩年戌・亥、年貢悉可致沙汰、不然者堀江民部丞可生涯之由、加下知之故欤、五月九日元次罷下、年貢可致沙汰之由、民部丞申云々、則朝倉（孝景）給状了、

朝倉孝景書狀を呈し義廉の命により民部丞年貢納入を約するも元次を忌避し他の使者に渡すと申すを傳ふ

細呂宜御年貢事、自屋形(斯波義廉)堅被申付之間、可致沙汰之由申、但楠葉方へハ不可渡申、御使余仁(衍カ)ニ候者被仰付候者可渡申之、堀江民部(敏光)申之由甲斐申、可然之樣被仰付候者可目出候、此由可預御披露候、恐々謹言、

五月八日　　孝景判

畑(經胤)藏人殿

御宿所

木阿彌越前下向のため上洛

元次古市胤榮越前領地事につき下向せんとし上洛す

同五月廿日、爲下越州木阿上京都畢、楠葉新右衛門尉(備中)同道了、元次男可罷下云々、是古市(胤榮)」(19ウ)領地事也、

木阿彌守護方遵行狀を得て明日下向するを報ず

一廿三日狀ニテ木阿申下云、甲斐以下遂行悉廿二日書出之間、廿四日罷下之由申賜畢、

元次二十四日木阿彌越前に下向するを報ず

元次は近日越前合戰惹起の風聞により下向を止む

廿六日、楠葉備中申賜云、遂行以下悉懇申沙汰、廿四日木阿下遣了、於元次者、可罷下之處、近日可有合戰之由申間、先木阿計罷下之由申賜了、

木阿彌書狀を呈し年貢未進なるも引違分五貫文上進を報ず

(20オ)一七月四日自木阿方有狀、去月十一日狀也、年貢未沙汰、然而先引違五百疋分」上進候、被仰木阿宿可被召云々、雖且先以目出〱、

木阿彌飛脚を派し堀江民部丞年貢錢用意するも渡さざるを報じ民部丞充奉書下付を請ふ
奉書を書遣す
木阿彌上洛し綿二十屯年貢錢十貫文持參す
未進催促の爲虎松丸を下方に下遣す
堀江民部丞虎松丸に書狀を託し越前爭亂難により以前未進分免除あらば當年分年貢內百貫文を今月中に納め殘分は來年三月究濟する旨歎願す
經覺國情を察し以前未進分を免除し當年中に百貫文來年三月中百貫文究濟を命ず
虎松丸下向し經覺の命を傳ふ

一同七日、自木阿方以飛脚申云、民部丞於料足者令用意、然而未渡之處、慶德下向後事儀相替歟、有不審子細、肝要以御書、依如何樣儀不沙汰渡哉、以外之由、民部方可被下奉書之由申間、書遣了、

一八月十八〔二〕日木阿上洛了、綿廿屯・用脚千疋致沙汰云〻、不可說次第也、」

(20ウ)

一應仁二年十月八日、下虎松於越州細呂宜郷下方了、爲未進催促也、古市彥八・楠葉下人三郎同道畢、

同十一〔壬十〕月末、虎松罷上了、堀江民部丞有書狀、國中事錯乱定被聞食候歟、雖然涯分可致其沙汰候、就其以前未進事、軄辭事間、少〻雖致沙汰候、不可事行間、生涯谷事、所詮以御扶持之儀、以前未進をハ一向被垂御哀憐可被閣候、然者」當年分先當年中百貫文可致沙汰候、殘分來月〔年〕三日〔月〕之中可究濟仕候由歎申間、嚴密雖責仰、國儀無正躰不可叶歟、又世上樣諸國一同之儀也、雖悉定不可叶間、中〱於以前分者閣之、自當年無爲沙汰可爲得分之間、於以前未進者閣之、當年中百貫文、來年（×月）三月中百貫分可致沙汰由仰遣了、

(21オ)

十一月十五日下虎松了、

年貢代錢全額百六十貫餘の内百貫文を來月十日以前に納むべし

應仁三年虎松上洛し年貢收納を報ず

五十貫文納むるも割符無きにより一部到來すと

文明元年虎松丸六月に下向し八月初旬上洛す

年貢納入の次第

河口莊定使武友に口合し上洛すと

虎松丸下向

河口莊兵庫鄉政所

坪江鄉政所楠葉元次越前に下向す

文明四年越前合戰朝倉方勝利甲斐方出國逃亡し孝景守護分たり

經覺楠葉元次をして慶賀せしむ

元次孝景に背くの風聞あるも年來忠節に

(21ウ)

御供米代百十四貫六百余、御服」卅二屯半、以代錢一貫四百文一屯別可沙汰云ゝ、然者四十五貫計欤、絹三巻一巻別二貫五百文、合七貫五百、都合百六十貫余欤、此内當年百貫、來月十日以前可沙汰事、仰遣了、

一广仁三年二月、虎松上洛了、年貢事、只今五十貫文沙汰云ゝ、但依無割符且到來云ゝ、追可尋治定分、來六月五十貫、猶殘分八月中可究濟云ゝ、

一文明元年、應仁三、虎松六月末罷下、八月初罷上了、料足二十貫只今沙汰、七(八)月中十貫、九月中廿貫可致沙汰之由、武友ニ口合之間」罷上云ゝ、綿六屯、又九屯沙汰了、

(22オ)

一虎松十月五日罷下了、

一兵庫鄉(越前河口莊)政所事、取守護(斯波義廉)書下可罷下云ゝ、楠葉備中守十月五日罷下、於京都一日逗留、七日立京都云ゝ、根本又坪江鄉政所職事也、

文明四年九月欤、越前事、朝倉方打勝、於甲斐者、悉出國逃亡云ゝ、希代事也、仍朝倉爲守護分、先代未聞事欤、随而楠葉新右衞門尉罷下間、祝着察遣之由仰遣了、爰楠葉事、背朝倉方儀之由雖風聞、日比忠節異他、今何可思捨哉由存之間、相待」一左右之處、一向

(22ウ)

年中無音、結句古市彥八以下罷上申云、愚老料所事、楠葉ニハ不可渡、余人令下向、雖爲尼法師、安位寺殿御使トアラハ可渡申由、口ゝ申間、以本願院(兼壽)傳朝倉方へ遣狀了、文

鑑み使者を命ずるに音信無し

古市彦八等歸南し下方年貢元次には渡さず別人下遣せば渡す旨報ずるにより本願寺兼壽に就き孝景に書状を出す

文明五年二月使者下遣の要請あり虎松丸を下向せしむ

四月中旬虎松歸南し年貢少分收納するも割符無く上進せず兼壽居所に置くを報ず

兼壽寺門仕丁等と口合し二十貫文進上を命ず

細呂宜郷下方年貢散用状

（23オ）

明五年二月比返事在之、又本願院涯分申遣之間、無子細申、急可被下御使由申賜之間、
二月末比下虎松了、然四月中旬欤罷上了、於年貢者、少々雖責出、割符全分無之間、」
一塵モ不持上、於年貢本願院所在之〔者脱カ〕少々納分云々、一向白紙可事闕欤トテ、本願院令了簡、廿
貫文寺門仕丁以下口合、可計略進之由、自本願院申付云々、先以國儀無相違之条、珍重
く也、抑楠葉之儀、依何事如此令向背哉、不審く、」

○第二十三丁裏・第二十四丁白紙、

○別紙、

（端裏書）
「徳市散用」

ホソロキサンヨウシヤウ

享徳二年分

四貫文　キヨ子ンノミシン分

四貫文　十貫文ノリ（利）分

以上八貫文

享徳三年分合三十貫文納

合三十八貫文、コノ内

五貫文　カヽノ御シヨ《(尋實)》エマイル、

六貫四百文　御キヌノ升《〔代カ〕》

五百文　五郎上ラウフツ《(粮物)》

四百十文　同せキ

一貫五百文　御キウ《(給)》ニ出ス、

ヒキ《(引)》物以上十三貫八百十文候也、

ノコリ廿四貫百八十七文、此内

廿貫文イせん《(以前)》進上、

いぬとし享徳三年十二月廿八日　　德一（花押）

（表紙題簽）
「安位寺殿御自記　二十二」

（原表紙、自筆）

大僧正一座宣事

（原寸縦二七・三糎、横二〇・二糎）

寶德二年夏比藥師寺別當北戒壇院隆雅大僧正に任ぜらる

南都にて大僧正に任ずるは兩門跡外清華家并民庶出身良家衆にては一寺明匠兩門師範朝恩受賞者以外は其例無し

○第一丁白紙、

（2オ）

寶德二年夏比歟、藥師寺隆雅（北戒壇院）僧正轉大之由有其聞之間、內〻付才學（覺）之處、万里少路前內（時房）府令申沙汰云〻、凡於南都大僧正事、兩門跡（一乗院・大乗院）之外者尤可在子細之事也、然則云青花（清華）云凡人、於

（2ウ）

良家□之輩者、或一寺明匠、或兩門師範」□（躰）者、行幸・御幸以下之勸賞邂逅一段之外者、

極官に据う者
保延年間以來
隆覺以下十人
轉大僧正は五
人
此内隆覺雅緣
覺圓は一宗の
廣才にして雅
緣覺圓は兩門
跡師範なり
親緣は春日社
行幸時の別當
長雅は金堂供
養奉行として
朝恩を蒙る
顯覺は堀河具
實子息にして
西南院主たり
寺内の勢威兩
門跡に伍し人
望同輩を超え
寺務就任の際
轉大を競望す
るも慈信良信
の密奏により
勅許されず
此例を以て難
題と知るべし
隆雅彼等に及
ばず
實遍は孝尋の
師範にして法
務に任ずるも
轉大せず
空昭の兄德大
寺公俊は將軍
家伺候女房の

假ニモ無其例者歟、隨而靑花之輩令住當寺之族、於未先途之者不及注載、居極官之躰以往事者不一二、中古保延以來、隆覺（密嚴院）　雅緣（西院）　圓玄（東北院）　定玄（法雲院）　親緣（孝養院）」（3オ）顯覺（西南院）　覺圓（東北院）　實遍（法雲院）　長雅（北戒壇院）　空昭（喜多院）也、然轉大僧正事者、隆覺　雅緣　親緣　覺圓　長雅、已上五人歟、此內隆覺　雅緣　覺圓者、滿寺之重器○（一宗之廣才也、雅緣　覺円又）兩門之師範也、親緣者建長□（七）年十月十九日春日社行幸之時」（3ウ）爲別當之間蒙勸賞、（後深草天皇春日社ニ幸シ、興福寺別當僧正親緣ヲ賞シ祿ヲ賜フコト、深心院關白記建長七年十月十九日・二十日ノ條ニ見ユ、）長雅者金堂供養奉行事被仰付御兼約云々、各子細異他、（爰）就中顯覺僧正事、堀河內大臣（具實）息西南院々主也、寺門之威勢不劣兩門、內外之人望太超等倫、依之歟、寺務拜任之刻、（永仁三年六月十一日）轉大」（4オ）事頻有競望、然而慈信（大乘院）・良信（一乘院）蜜屬傳奏、有申入子細歟之間、終不能裁許、若雖無其功轉大事無煩者、恐不可有餘義歟、此仁不達此仁微望於以テ、難題ト可知事歟、隆雅豈彼等ニモ難（又門）」（4ウ）及者哉、隨而実遍僧正令存知加樣子細歟、孝尋（大乘院）僧正之師範兮、雖居法務、終不轉大、空昭僧正又武家女中之有緣無双權門也、然則舍兄公俊（德大寺）公烈（列）三台昇相國、雖忝官位、舍弟空昭終」（5オ）不轉大、古今之先跡有耳目者歟、乍存如此子細、隆雅僧正無一塵之募而昇大僧正之高官条、誠傍若無人之次第也、是併當時兩門跡爲躰爲無正躰之時分間、守折致過分之望歟、存外」（5ウ）無極者哉、縱兩門之儀雖無云甲斐、門徒何令見證哉、尤立越訴可申所存事也、而住

縁者として太政大臣に昇るも空昭は轉大せず　隆雅一﨟の功なくして大僧正に昇るは傍若無人の振舞なり　兩門跡衰頽の機に乘じ野望を達す　住寺僧等異議を申立てざれば田舎在住の我欝念を散じ得ず　當座後代のため放置すべきに非ずとして萬里小路時房に隆雅轉大の宣下撤回されずんば經覺大僧正一座宣下付を申入る　時房上奏を約すも先規記憶せざるにより兩局綱所に諮問すと答へ經覺に先例宣下呈出を請ふ　經覺隆雅轉大宣下と一座宣下沙汰の偏頗及び北嶺重用南都輕視の朝

寺之輩猶以不申立上者、愚身事在田舎（古市迎福寺）、欝忿更不可有所詮歟、乍去、當時﨟次上﨟也、
（6オ）且者爲當座、且爲」後代、非可捨置之間、就前内大臣時房公申入云、隆雅僧正轉大事、
於南都者可在子細事候、楚忽御成敗驚存外無他候、尤可被召返之由雖可申所存、且恐叡
（6ウ）慮、且憚外聞、不能」申立、然而愚身自去永亨〔享〕三年爲上首及數年之處、結句至老後可罷
成次座条、背本意候、所詮不被召返隆雅之宣下者、可被下大僧正一座　宣之由申入了、」
（7オ）前内府返答云、可伺申入云々、但先規様きと不覺悟之間、或被尋兩局（官務小槻長興・局務舟橋宗賢）、或被問綱所云々、
又是へも　宣下条等可撰給云々、愚身返答云、此事年久中絶間、難求得候、其上當時居
（7ウ）住」田舎候、記録以下更不所持候、可如何仕哉、但於隆雅轉大者、尤可在子細之處、不及
御紀明被宣下、至一座所望者、色々御紀明被盡篇候、依人御沙汰、當身不便なる様候、
（8オ）大方」於致天下泰平・宝祚延長之懇祈者、山門・南都顯蛮二宗、更不可有勝劣候、各々
心中之踈細者、蛮宗ニモ可在候、顯宗ニモ可在候處、北京僧中於坊跡雖無其跡、或被下准
（8ウ）后之　宣、」或被授過分之高官、南都獨守机、不可出格之条、不便次第候、又於御政道、
誰善政なる之由と可存哉、先當身深歎存候、當時南都之儀、爲零落時節之間、依每事斟
（9オ）酌、」公私」被思食捨候歟、若得時節事候者、定可及非分之嗷訴哉、且一座宣事、非可被比

議を難ず
轉大の先規究明なく一座宣は盡篇究明す
天下泰平寶祚延長の懇祈山門南都に勝劣なし
心中の麁細は兩宗にあるに北京僧は坊に先規なくも准后宣を蒙り過分の高官に任じ南都のみ機を守り格を出さざるは善政に非ず
當時南都は零落時節なるにより公私に見捨てらるるか時節を得れば非分嗷訴に及ばん
一座宣は准后等の重職に非ず
勅答の是非により身を處せん
時房一座宣を申下す
時房奉書案
大僧正の上所望するは法相宗一座

（９ウ）（10オ）（10ウ）（11オ）（11ウ）

准后等之重職歟、所詮承是非之勅答、可相計身之進退之由申入了、而七月廿六日、万内(時房)伺申入之處、」則被　宣下之由、同廿七日、未剋、時房公申下之間、抃悦無極者也、但進雖悅宿運之多幸之旨、退無其功兮、踏邂逅之勝跡之条、非無恐懼、万内遣職事奉書案、

前大僧正法印大咊尙位經覺、」宜令不改本位烈〔列〕大僧正上、可被　宣下之由、被仰下之狀如件、

七月廿六日　　万里少路前内府也、判

(權右中辨廣橋綱光)藏人權弁殿

如今奉書者、天下大僧正一座也、」所望申者、法相宗一座事也、四ケ大寺(東大寺・興福寺・延暦寺・園城寺)之一座以外之眉目也、過分〳〵、而重申下云、彼一座事、康咊五年七月廿五日、覺信(一乘院)大僧正蒙此宣之由、綱所昨日注進之間、就慥所見重進此　長者宣云〻、八月朔日令到來了、(覺信一座宣下ヲ蒙ルコト、殿曆康和五年七月二十五日ノ條ニ見ユ、)

被　長者(一條兼良)宣偁、前大僧正法印」大咊尙位經覺、宜令烈〔列〕法相宗僧綱上者、

寶德二年七月廿六日

(勸學院)別當左中弁藤原朝臣親長(甘露寺)奉

」

万里少路私狀案

宣下さるは天下大僧正一座
一乘院覺信一座宣を蒙る所見あるにより長者宣を成す
八月朔日到來
藤氏長者宣
南曹辨甘露寺親長奉ず
時房私狀案
法相宗一座事は覺信長者宣交付の先例注進あり諸家記錄と符合するにより長者宣を交付さる
一昨日交付の廣橋綱光充奉書と取替へらるべし
長者宣は南曹辨院雜色をして付進すべきも急がるるにより直に內々付進す
萬里小路家諸大夫藤原忠敦奉書
時房直狀を經覺に充てざる理由を推測す
丞相に任ずるにより恐惶と書するを避くるか

(12オ)
(12ウ)
(13オ)
(13ウ)
(14オ)

法相宗一座事、康和大僧正(一乘院覺信)御房長者宣(康和五七廿五、)之由、綱所昨日注進候間、被引勘之處、
諸家記符合候、任佳例 長者宣被成進候、珎重〱候、叡慮無」御等閑候、目出候、一
昨日被仰藏人權弁一通者、就御急用只推進候分候き、卽可被執替候也、長者宣南曹弁
以院雜色尤可付進事候歟、然而同者早〻御用之由承候間、爲早速」令所望、直內〻進
候、不可爲後例候、急可被進候、能〱可令注進賜由候也、恐〻謹言、

七月廿八日　忠敦(藤原)

淨南院(淸承)上座御房

袖云、

邂逅之儀、一段御祝着被察申之由、」能〻可被申旨候、

依爲丞相之儀、以奉書遣淸承歟、何直愚身ニ不書賜哉、太難得其意、如令推量者、恐〻
ト書賜之者、定不可請取歟、恐惶ト八不可書由存歟、過分之心中也、時房公親父」嗣房
公任槐之後、書進後己心寺(大乘院孝尋)御房狀、恐惶謹言書之、定記錄等令披見歟、而如此相振舞之
条、不弁先格、偏守丞相之一篇、忘家勝劣者哉、不可說〱、弘安礼攝錄〔籙〕人雖不用之、
其礼節ニモ寺家勝劣宜斟酌之由被載之、誠一書
至明家〔名〕」輩者、專爲鏡者也、時房公一身何可處無哉、○覺信・信圓兩代蒙此宣之由、雖

時房の父嗣房は任槐後大乗院孝尋充書狀に恐惶謹言と書す

弘安書札禮を攝籙人は用ひざるも名家輩は鑑となす

覺信一座宣は康和年中

信圓一座宣は年紀不明

宣下拜賀すべきなれど田舍止住にて行粧整へ難く已むなく春日社に參詣せんとするに筒井方六方衆幷衆中之を妨げ尋尊に從僧等不召進を申入れ經覺を諸廻請より除くべき旨所所に申送る

敵方なれど一宗の眉目を悦ばざるは光宣を寺國の魔縁と評判するに合致す

古市止住六方衆南都に發向し敵方六方衆書狀執筆者高

之肝心也、抑見舊記、時代等無慥之儀處、於覺信者康和年中分明也、信圓事、於（×雖）蒙　宣者雖無子細、
（14ウ）年月等」未勘得、追可尋記、如此蒙希代之宣之間、召具前駈以下可拜賀申条、雖不能左
右、田舍止住之時分、色臥〔節〕難合期之間、如形可社參之由相存〻（存）之處、近日敵方（筒井順永）六方・衆中
（15オ）者共、卒軍勢可」相支、仍從僧以下不可被召進之由、自六方・衆中申送門跡（尋尊）畢、結句可
除諸廻請之由相觸云〻、爲敵方事之間、於不受者雖察遣、至一宗之眉目者、何不悅哉、
（15ウ）光宣（成身院）律師事、爲寺國之魔緣」由摳〔謳〕哥令符合歟、就其如此非常惡行不可不誡之間、八月廿
八日、先付書狀等之執筆方衆一人加罪科、所從住屋燒拂了、名字事高專、春顯房云〻、當所住
方衆共罷向、吹貝加罪科了、」
（16オ）其後連〻評定、先衆中之內加嚴科之条、可爲相當沙汰、幷骨帳方衆一兩同可有沙汰旨、
面〻申之間、日〻談合也、
（16ウ）同〇九月廿一日、衆中沙汰衆水坊大輔（憲清）公爲私治罸、當所方衆以下甲百四五十」幷內者共副遣
了、燒拂住坊處、事外防戰之間、大輔房被打、子息大夫（憲秀）公負痛手了、吉田伊豆房（通祐）兄弟（見塔院祐賢・祐昌）・
淨〔上〕生院（顯宗）幷彥三郎男輕命責入之間、無所防而悉沒落之間、住坊燒拂了、當方ニハ矢負兩人
（17オ）負手」畢、同方衆兩人宗懷蓮禪房・行実舜玄房、處重科了、今夜モ方衆共罷向吹貝了、

專を處罰し所従住屋を燒く次で衆中幷六方衆張本處罰の談合す

衆中沙汰衆水坊憲清處罰の爲古市方六方衆等を派す吉田通祐兄弟上生院顯宗等奮戰して憲清を討ち住坊を燒拂ふ

六方衆宗懷幷行實を重科に處す

古市方六方衆書狀を別會五師良朝供目代懷實に送り寺門諸會式抑留を命ず

一座宣を賀し綱所賀札を進む

經覺當時陣中にて規式請取り成し難しと延引を申入る

鎰取內々の請取りを請ふにより外樣返事は後日とし內內の奉書を遣す

鎰取祿物は孝

次云衆中云六方致非常惡行之間、令抑留寺門之諸會式之由、遣書狀於別會（良朝）・供目代（懷實）以下了、當所」（17ウ）六方書狀也、

同九月廿四日、綱所賀札到來、鎰取持來、白帳着之云〻、仰合云、賀札事尤所祝着也、但只今此邊事爲陣中之儀、有限色臥（節）難合期之由返答之處、鎰取云、其段京都にも」（18オ）御存知事候、以內〻儀可被請取之由、種〻申之間、於外樣返事者、追可沙汰之、先內〻以覺朝奉書令返事了、祿物事ハ不可依其之由歎申之間、任應永十二年故僧正（大乘院孝圓）轉大時例、百五十疋下行了、」（18ウ）

廿五日、法花會抑留上者、精義・竪問事、不可隨所役、若抑（押）而令出仕躰在之者、可處非常嚴科之旨、可書（遣〻）六方之書狀之由、仰含方衆畢、

廿六日、今日自諸方會式許可」（19オ）事、就內外劬勞云〻、但愚身方へハ無申躰者也、

廿七日、或仁云、諸廻請ニ愚身ヲ載之者、會式事不可抑留歟之由、以緣所〻へ不審之由申之間、可依寺門振舞、且又沙汰樣之由、可返答歟旨」（19ウ）仰含了、而入夜又自或方申云、諸廻請ニ可奉載事者、南都之儀既申定候、當方氣色慥承存、猶可申定云〻、寺門沙汰不殘（違）愚意者不可有子細、可依沙汰事也、難一定旨返答了、但可落居」（20オ）樣、今日私存寄分ニテ清憲（興善院）可返答之由仰含了、

圓轉大時の例一貫五百文下行す
法華會始行抑留するに精義役竪問役勤仕の者あれば嚴科に處する旨六方衆書狀を送らしむ
寺內諸方諸會式許可の奔走すと
經覺を諸廻請に載すれば諸會式抑留解除あるかを問ふ
寺門の行動による旨返答せしむ
寺門經覺を諸廻請に載する事內定し經覺の意向を聞き決定すると申入る
寺門沙汰次第による旨返答するも古市住學侶淸憲私見として領狀を返答せしむ
學侶牒送狀
法華會等の諸廻請に經覺を載する旨治定す
淸憲に返書を

廿八日、自學侶牒送狀在之、淸憲持來了、
就法花會施行事、依不載申安位寺殿於諸廻請、可及會式」(20ウ)御抑留之由奉之間、學侶致劬勞、則可奉載法花會等之諸廻請之由治定候、此趣申遣沙汰所了、諸篇無爲珎重之由、可得御意旨評定也、恐〻謹言、
九月廿八日　　供目代懷実(發心院)」(21オ)
古市止住學侶・六方御中
返事淸憲可書遣之由仰付了、
就當年法花會事、依衆中・六方非儀之申狀、安位寺殿無故被除申諸廻請之条、不得其意之間、當會事、可抑留申之由、及重〻」(21ウ)牒送之處、始自法花會廻請而、向後任今般之　宣下之旨、爲僧綱之一座可被載申於諸廻請之由、御牒送目出候、仍當會廻請急送賜、備申門跡(經覺)御覽、法會無事御返牒可令申旨評定旨、」(22オ)可令披露給之由也、恐〻謹言、
九月廿八日　　古市止住學侶・六方衆等
供目代御房
如此之間、戌下剋法花會廻請ニ載愚身、自供目代方進之了、彼光宣以下事、動三十余ケ

執筆せしむ　(22ウ)

法華會廻請を始とし向後僧綱の一座として諸廻請に載せらる

法華會廻請を送付されたし　(23オ)

懐實法華會廻請を進む

廻請に加判す

經覺成身院光宣以下筒井方の行爲を難ず

學侶雙方使節による諸事談合を申入る　(23ウ)

經覺使節派遣を承諾し清憲幷宗乘に出向を命ず　(24オ)

經覺使節清憲宗乘南都五師良朝光舜白毫寺に會す　(24ウ)

五師法華會無爲始行を禮謝し古市方抑留の奈良反錢返還を請ふ

國軍勢、」燒拂多武峯、一國ヲ恣ニスル程ノ者也、今度之儀、定始中終ヲクヽリテ沙汰置候欤、可失面目之条勿論之由、意得置之處、如今沙汰者、短慮之至極《計略》無思慮奴原也、所詮無▨▨者共也、所謂取小」鳥百舌鳥似逢鷹欤、至始終事者不知之、於只今之儀者、先《定》非所案相違欤、比興〳〵、

廿九日、學侶狀、

今度法花會事屬無爲候条、惣別之大慶不可如之候、就其」來月二日、以使節諸篇（マヽ）可申談度候、可得御意候、尚〻今般會式事、每事無爲殊珎重由評定候也、恐〻謹言、

九月廿九日　　供目代懐実

學侶《古市止住》・六方衆御中」

此狀自清憲方以賴秀賜之、次使節事、可爲如何樣之由申之間、落居上者、可罷向之由可返答欤之由仰了、又可罷向使節事、可爲何躰哉之由申之間、一人清憲《願勝》、今一人宗乘仙觀、可然之由仰含了、」然宗乘故障申之間、無其躰上者、可構向之由、重仰付了、

十月二日、

清憲願勝房、・宗乘仙觀房、向白毫寺（添上郡）、爲逢南都五師也、五師兩人良朝《性舜房》五師・光舜《顯春房》（持寶院）五師云〻、」

清憲五師持參の酒にて沈醉するにより宗乘五師申分を報告す

經覺奈良反錢返還不承知を決意す

度々催促あるも返事せず

九月一日講堂仁王講大頭貞兼請僧札を賦らんとするに衆中蜂起して經覺除外を申入るにより窮する旨申す

經覺返事の樣なき旨返答す

古市衆貞兼申狀を難ず

文安四年經覺土一揆に加擔し南都攻めを企つるとし講堂仁王講以下より除かんと計る時大頭實耀窮地に立つるも經覺を除かず他門の實耀にしてこの配慮あるに大乘院門下の貞兼結局は除外す

尋尊の師範に

(25オ)牒送樣者、先法會無爲之悅、又奈良反錢事、當方抑留歎存候、可有故実歟云々、兩条事
(25オ)可披露之由申罷歸云々、自南都五師方、令持竹葉之間、清憲事外令沈醉之間、宗乘來、」此
子細演說了、奈良反錢事、縱雖有申旨、承諾者不可然歟之由思給者也、不可表知く、
此事其後連々催促云々、然而無發定躰之間、終不及返事歟、尤可然歟、」

(26オ)今度付此沙汰条々

八月晦日貞兼(松林院)僧正以狀申賜云、明日仁王講大頭之間、只今札を配候へき支度候處、衆中
(26ウ)令發〔蜂〕起、不奉除者、可及嚴密之沙汰之由申賜候、進退谷旨申之、」返答云、奉之趣無可返
事樣候旨仰之、返使了、貞兼申狀太無思慮者也、除之者自當方又豈不加嚴科哉、無止事
(27オ)可致沙汰歟之由面々申之、尤也、凡去文安四年土一揆責南都、」愚身令同意、可責南都
結構在之とて加衆勘云々、依之仁王講以下可爲如何樣哉之由、及沙汰之刻、大頭実耀(知足院)僧
(27ウ)都被申沙汰、無先規之間、定自當方奉除可蒙嚴科、雖爲何篇可爲難」義者、不可除申之
由申切、終不除、いかなれハ実耀者他門也、於貞兼者門弟也、旁以可有子細處、結句除
(28オ)之条、不可說之心中也、非禪公(尋尊)之師範者、今夜〔ニ脱カ〕モ可行嚴科歟、然而重仁王講可」除躰可
在之、其時同時可沙汰之由思定了、

非ずんば直に嚴科に處するも今後も除外せんとする者ある時同時に處罰せんと決意す

月次唯識講勸進代善春廻請より經覺を除くにより處罰し修南院追放を申入る

水坊憲清治罰の際東大寺鄉民武裝して古市方に對して鬨を擧ぐるにより東大寺に處罰を申入る

水坊燒失の際餘炎東大寺築垣を燒くを謝す

高專六方書狀執筆者に非ずと愁訴するにより赦免す

一件落著により十月朔日講堂仁王講大頭勝願院良雅經覺を加ふ

清憲幷古市胤仙松林院貞兼の罪科宥免を歎願す

經覺之を容れ

一又月次唯識講廻請勸進代積勞修南院ニ住善春云々、除之間、加罪科了、并可追出修南院之由仰懸了、

六方書狀也、」

(28ウ)
一水坊治罰之時、東大寺鄉民等罷出、對當方作時之間、東大寺へ入六方狀了、其子細者、今度水坊罪科之時、貴寺鄉民等帶兵具罷出候、如何樣子細哉、若就當方可成違害者、向

(29オ)
後可得其意候、」又便宜之時可處嚴科候、若自貴寺御下知子細候者、承御返事可存其旨候、兼又、先日水坊燒失之時、依餘炎築垣少々燒之由、其聞候、驚入之由仰遣了、」

(29ウ)
一高專事、非書狀之執筆□〔旨カ〕、以嚴重告文歎申之間、加免除了、

一惣沙汰九月廿八日令落居間、十月朔日仁王講不謂加之、大頭良雅（勝願院）僧正也、

一貞兼僧正進退事、依身無云甲斐、不存定進退而違愚意候、口惜存候、于今不及御沙汰条者、御扶持之至候、以此分別而被閣候者可畏入候、以前之儀、更非」私曲緩怠〇以嚴重告文可申入之由、之由、

(30オ)
（古市胤仙）清憲并播州連々歎申之間、心中雖千万、如此歎承上者、可閣申之由返答了、兩人撰〔拱カ〕手畏申了、是偏優門跡之師範故也、」

(31オ)
一十月十六日筒井軍勢盡數南都へ罷上、門跡北面兩人善性（成舜）・舜信（懷全）、住屋破却了、是水坊報答云々、有所存者可當愚身之（×坊）力者等〇處、無其儀而取懸門跡之被官之条、希代沙汰歟、其外學侶分者

且門跡師範に優じ處罰を止む
筒井勢南都に入り水坊誅伐の報復として門跡北面成舜并懷全住屋を破却し且學侶光専六方衆長實を處罰す
古市衆報復を進言するも時機を待たしむ
筒井方昵近者慈恩院侍尾張法師住家を破却す
法華會竪者釜口普賢堂英弘
南角院頼英龍田英舜
唯識講勸進代善春の罪科を免除す
康和の慈信一座宣と今度經覺一座宣は七月二十五日
經覺感慨の和歌を詠ず
祖師の餘慶に感謝す

(31ウ)願円（光専）、方衆禪観（長實）令罪科□（了カ）、」此報答又自此方可沙汰子細在之（之由、）、面々種々雖有申旨、加思案子細在之由仰含了、但先事様次第ニ（殘大儀）沙汰上者宜物也（可沙汰上之条可然候歟、仍）、先致非分沙汰之間、唯敵方沙汰

(32オ)員外躰さるから」敵方昵近之躰を可沙汰、候者（然者）時定又可報答歟、其時可出鬼人之由定心底、慈恩院侍号屋帳（張）法師者少家破却了、依餘炎今一人燒失云々、不知子細者定（叉定）令嘲哢歟、」道理也、

(32ウ)一今度法花會竪者之内、釜口普賢堂（英弘）爲其隨一、南角院頼英得業依縁人、當方儀淸憲兼々（致劬勞）◦歎申者也、南都取合龍田英舜竪者内也、普賢堂計略歟、

一勸進代善春事、付內外歎申間、落居之後加免除了、如積勞者非人數、强非可殘所存故也、」

(33オ)一座宣事、康和時も七月廿五日、今度も七月廿六日、月さへ相叶嘉例之由、面々申侍につきて思つゝけ侍る、

古の跡もふ月のすゑの露
もとの思つゝを又のこしつゝ

(33ウ)先代の芳躅なくハ、爭か」今更如此の　宣をも蒙へき、誠祖師の余慶こそ難有侍れなと

人〻申に付て、

たくひなきむかしの跡のなかりせハ
　上なき道をいかてふまゝし

大方にふミ丶む人ハおほゝえす
　いま我のこす道芝の跡
」

一座宣は年來の宿願なるを隆雅昇進を機に之を果す

(34オ)一座宣事、依爲邂逅之儀歟、如舊記全分不見出、如向壁、仍所望之後、聊所令迷惑也、(34ウ)然而不思儀于綱所以下令注進間、達」所存了、土代此　宣事、數年之競望也、依無其便于(35オ)今閣之處、就隆雅昇進申出畢、併可謂宿運歟、但愚身事、」智德闕修學疎兮、蒙如此之(35ウ)宣之条、若違冥顯歟、有不慮之煩事、大儀ニ成下了、但終歸理運事者、」又非人力非《之》可《所》抑《致》先《者》歟《哉》、無智德而至大位、無功勞而黷重職時者、必《雖》似《知》宿運之厚、非無其果利之由、先(36オ)賢之」詞也、可信可仰、

桑門一叟越路（花押《經覺》）」

〇第三十六丁裏白紙、

「(表紙題簽)安位寺殿御自記　二十四」

(原表紙、自筆)

宝徳二年 要　鈔 經覺

(原寸縦二八・四糎、横一八・四糎)

○本册、第二丁～第三十五丁表ニ寶徳元年六月朔日～十一月十五日ノ日次記ヲ載ス、第二ニ收ム、

興福寺本願淡海公藤原不比等御忌日廻請

經覺大僧正一座宣を受くるにより隆雅の上に載す

一乗院覺信は法相宗一座宣

經覺は四箇大寺大僧正一座宣

(1オ)

宝徳二年

八月三日御忌日廻請注之、

依余一座　宣、自隆雅(北戒壇院)大僧正上載之者也、余五十六歳、隆雅僧正六十三歳云々、

(一乗院覺信)康和僧正者法相宗一座　宣也、愚老者四ケ(東大寺・興福寺・延暦寺・園城寺)大寺大僧正一座　宣也、乍謂冥□(慮カ)儀過分至極

經覺の演說
官務衆徒は寺社惣別の法則を知り神事法會を奉行し撫民廉直の檢斷を致すが不易の佳例なり
其儀に背く時は上中﨟評定し別衆徒を推擧するにより公平な檢斷を致す者なり
龍田英舜等官符衆中の名を以て兩門跡領內を檢斷するにより良昭と孝尋合議し八田長禪等を召し蜂起せしめ英舜等を處罰す
仍りて戌亥脇衆徒憤激し對立激化するを圓兼と長懷仲介し雙方會合して檢斷すべき旨合意し兩門跡への忠誠と先規不背を牛玉の裏に書して誓約す
若徒黨戌亥脇衆徒隔年に執務し寺門の名

也、」

(36ウ)卅日仰、

世及澆季、人皆雖濁、弁上下之礼儀、存貴賤之階級者、人倫之法也、然官務衆徒事、知寺社惣別之法則、致〈令〉神事・法會之奉行、掌〈致〉廉直之政道、加撫民之哀憐者、寺門〇〈不易〉之佳例也、若其儀令依違時者、以上・中﨟之評定、擧申別類之衆徒之間、顧其格、致無相邂懃之沙汰者也、然則龍田英舜・山田重英・菅田盛弘、以官符号恣〈動〉令檢斷兩門跡之領內、任(37オ)雅意相振舞之」間、兩門跡（一乘院良昭）後喜光寺・（大乘院孝尋）後己心寺、申談、招出八田長禪・古市胤賢・椿井加賀・小泉重算、刷蜂起之儀、令罪科沙汰衆了、仍戌亥脇衆徒稱失面目、既及寺門之錯亂之處、東北院円兼・松林院長懷兩人受公私之儀、令折中之間、兩方令會合、可致檢斷之由、自他承諾之刻、對兩門跡不可致緩怠不儀、無先規題目不可致〈有〉沙汰、涯分所及可專寺社之再興之由、黐牛玉之裏令一約了、隨而脇田（若徒）戌亥脇、或各（隔）年或中一年令執務、擧寺門之榮名、致佛法(37ウ)之紹隆之□（間）、」法燈于今耀、螢雪之懃無退、子細事新之間暫閣之、（康暦二年十月二十八日、戌亥脇衆徒龍田英舜・山田重英・菅田盛弘ト六方衆確執出來ノコト、大乘院日記目錄ニ見ユ、）爰近年筒井順永一類、忘先格以檢斷之号、恣〈恣〉振權威、頻乱人跡、然而或憚權勢上下閇口、或恐惡行乍思闇理、此故猛威近日覆南都之間、收公兩門跡之坊領、押領諸院家之所帶、如此之刻、尤任先跡、兩門已下令一味同意、可加嚴刑之處、結句尋內緣、成面展之嬌、稱外人致膝行之礼之間、增成獨步之思〇（之餘、）自專寺社造營之用脚、施省彼等一類眷屬、相計寺務進止之所職、申補親類一家之知人、自由之心中、過分之所

(38オ)

行、自寺他寺未聞其例、隨而去文安四年、稱住敵方之城中〇（故欤、）加衆勘云〻、事次第存外雖無極、中〻沙汰外之上、依顧身之不肖、未能報怨心、然而依無先規、滿寺不共許、剰比興不可說之由、衆口滿巷者欤、仍寺役諸廻請以下無相替篇、世以所知也焉、抑去夏比藥師寺隆雅（北戒壇院）僧正轉大之由有其聞之間、相尋傳奏（萬里小路時房）之處、申沙汰云〻、凡於南都者、靑花・凡人轉大事、殊有子細欤、則中古以來兩門跡蜜申子細旨在之、仍靑花之輩雖有其數、雅緣（西院）・

(38ウ)

親緣（孝養院）・覺円（東北院）・長雅（北戒壇院）之外無其跡者哉、而雅緣・覺圓者、」法相之龍燭、一寺之師範也、親緣者行幸之賞、長雅者金堂供養可申沙汰勸賞也、子細雖相替、眞俗皆是吾寺之重器欤（也）、至無其功之仁者、雖昇六宗之長官、以正僧正爲至極、則円玄・定玄・顯覺・実遍・空昭等也、（是皆相國兄弟丞相之子息也、）然者隆雅僧正以何篇只今令轉昇哉、楚忽之申沙汰也、可被召返　宣下旨、雖可訴申入、朝儀之輕忽且似有其恐之間、押愁訴雖隨上裁、自去永亨（享）三年以來、爲上首送寒

を擧げ佛法を紹隆す

近年筒井順永一類檢斷の名を以て權勢を振ひ兩門跡の坊領を收公し諸院家の所帶を押領す

兩門以下一味同心嚴刑を加ふべき處却りて彼等に膝行の禮を致すにより增々獨擅し寺社造營の用脚を一類に施し寺務進止の所職を親類知人に充行ふ自他寺未聞の所行なり

去文安四年經覺敵方城中に居すると稱し衆勘を加ふるも滿寺其を承認せず寺役諸廻請以下改變なし

寶德二年夏比藥師寺別當北戒壇院隆雅大僧正に任ぜらる

南都にて淸華凡人の任大僧正は特殊事情

による
清華家出身者多數あれど雅縁等四人の他は先蹤なし
雅縁覺圓は法相宗の龍燭興福寺の師範
親縁長雅は朝恩を蒙る
其功なき者は六宗の長官に昇るも正僧正を最上とす
隆雅の轉昇は楚忽の申沙汰なるも宣下召返しを訴ふるは朝儀輕忽の恐れあり愁訴を止め上裁に随ふも永享三年以來の上首の座も下るは本意に背くにより一座宣下付を申入る
一座宣旨は俗中にては關白以外蒙る例なし
僧中の先例中絶數百年に及ぶも綱所勘申の覺信の先例に任せ勅許を蒙る
自宗の昌榮自

（39オ）
暑之處、今更可爲藹次之下藹之条、非所存之間、可被下一座　宣之由申入了、大方」此
宣事、於俗中猶時關白之外無其例、况僧中事、及御疑依貽○欤、之間被尋先規於兩局（官務・局務）之處、中絶及
數百年之間、きと依不勘得、有御猶豫之刻、康永五年七月廿五日、法相宗一座宣於被下
（一乘院）覺信大僧正（藤原師實）京極大殿息、之由、綱所勘申間、任彼例蒙　勅許了、自宗昌榮老後之眉目、何事
如之哉、仍隆雅轉大事、可閣所存之由、申入　勅答了、就其無智非器之身、蒙此宣、繼
祖跡開一宗之榮花、耀万代之龜鏡之条、過分之至極神恩之至、謝言難覃者欤、尤召具先
（39ウ）
駈以下、雖可社參、田舎之儀、毎事」不合期之間、如形分廻其計略之處、官務衆徒卒大軍
可相支之由、申送（尋尊）禪定院以下之○處、忘師弟之号、從僧以下不召給之条、与遺恨相半也、条太令迷惑者也、凡觀應年中一乘院実玄禪師、向蜂起旁衆徒
遺懸乘車之間、忽雖失面目、優兩門之号、不能〔與〕當座之○恥辱、及後日之大訴之由、舊記明白也、
乱寺門之規式現不儀族、猶以優如〔恕〕了、於愚身者、對寺門不現緩怠不致無法、尤可有哀憐
哉、加之、縱雖有私遺恨、至宗榮幸者、何不悅之哉、○彼等爲躰一寺魔障之由日來口遊令符合者欤、就中滿寺之儀兩方ニ○雖相分、至
与力修學者分者、自他無相綺事、是則所奉優恐神慮也、而以强力可相支社參等者、誰可劣
（40オ）
之哉、於只今之儀者、誠定事安存欤、欤、雖然始終」儀如何、不弁後勘之条、誠愚案之奴原也、
只可比黔驢之蹴虎者哉、就中依此事、當方者共學敵方之沙汰、申所存者、恐者彼一類与

身老後の眉目なるにより隆雅轉大に異議を唱へざる旨勅答す

一座宣拜受の神恩に謝せんが爲春日社參詣の行粧計略するに官務衆徒大軍を率し障碍せんとするを尋尊等に通知し尋尊從僧以下を召進せず

觀應年中一乘院實玄衆徒蜂起を妨害するも當座の恥辱は與へず後日大訴に及ぶ事舊記に明白なり

私怨を以て自宗の榮幸を悅ばざるは一寺魔障の口遊に符合す

滿寺兩方に分裂するも修學者分互に干涉せざるは神慮を恐るるによる

武力により社參等を妨ぐるは黔驢の寓話

（40ウ）　（41オ）

力之輩、寺役先途・社參・入堂以下、定《豈》可《無》爲難義哉、凡愚身事、非連署之列、雖《非》可与
力之身、彼《件》一類自元任雅意不謂人口、致無法《任雅意》者也、彼箸尾次郎夭亡之刻、（永享十一年四月十一日、箸尾次郎左衞門筒井方ト抗爭シ討タルルコト、大乘院日記目錄ニ見ユ、）打入南都者、弥定恣可相振舞、其時者令住寺見聞彼所行之
条、更可難堪忍之由、兼令推知之間、蟄居安位寺處、猶運奸心於彼山、入書狀以下之
間、無力移當所了（古市迎福寺）、此在所事、寺門錯亂之時、每度居住之在所也、誰《衆人定令存知歟、》不知者哉、所詮當
方与力之躰社參以下相支之条、併此間依致穩便之儀、敵方乘勝」故也、然者無力敵方所稱
之輩寺役先途・社參・入堂以下、涯分所及可致障㝵〔碍〕之由、當所居住學侶・六方衆等、令
一揆同心畢（×也）、次諸廻請以下事、自衆中牒送六方之處、於集會之儀者難同心之由令一決之
間、彼黨類纔八九人令蜂起云〻、非寺門之陵遲、衆《万》人之嘲笄〔弄〕哉、且如此大事、以尫弱之人
數致其沙汰者、寺社之錯亂不可斷絕歟之間、爲向後傍輩、於彼八九人者、名字顯然上者
《守便宜次第》連〻可致所當之罪科之条雖勿論也、先就書狀筆師、且如形加罪科了、《於彼躰も》若重有不悔先
非子細者、就住所、不謂諸院・諸坊、可致敖〻沙汰、若又有無坊舍輩者、就依師等之坊
舍・坊領・所從等、嚴密可致其沙汰旨一決了、」其外社參・入堂以下守便宜可能〔與、下同ジ〕恥辱旨加
下知了、如此之次第、學侶心中雖其憚多、度〻失面目上、彼等既不優兩門之稱、以軍勢

に比すべき愚行なり

當方者敵方の行動を摸すれば社參以下無爲なからん

經覺連署與力者に非ざるも筒井方箸尾次郎夭亡の際南都に打入りての恣意の所行を見聞し勘忍し難きにより安位寺に蟄居するに猶彼寺に干渉す

仍りて古市迎福寺に移居す敵方勝に乘じてかく振舞ふにより當所居住學侶六方衆等一揆同心し筒井方寺役社參入堂以下の妨害を治定す諸廻請以下事衆中より六方に牒送するも六方同心せず筒井方八九人蜂起し議定す若干人數にて大事を決すれば寺社錯亂繼續す

欲能恥辱ｏ（書狀以下分明也、）愚身何憚寺僧之号、不行嚴科哉、且爲得賢察ｏ（及）子細申者也、（之演說者也、）

信兼《ノフカヌ》　信家《ノフイヱ》

立野平五信兼

（41ウ）

新木（添下郡）間田壹町八反免事

免八升　三
五斗五升代二反　（得、下同ジ）イ九斗　　免六升　四斗三升代四反　イ一石四斗八升

四升五合
三斗三升代六反　イ一石七斗一升　　二升　一斗五升代二反　イ二斗四升

三升
二斗五升代四反　イ八斗八升

（42オ）

此内九反覺朝ニ行之、殘九段者行楠葉備中（元次）食事向了、（楠葉備中守元次ノ初見、應仁二年正月十二日、）

來三日以佛聖鐘可被集會講堂而已、

奉唱　八月三日御忌日請僧事

彼八九人は名字顯然により便宜の時處罰す

先づ書狀筆師を處罰し彼者先非を悔ひざれば諸院諸坊を問はず檢斷し坊舍なき者は師の坊舍坊領所從等に進發するを一決す

又社參入堂以下の際も恥辱を與ふべき旨下知す

學侶に憚りあるも彼等既に兩門を重んぜず軍勢を以て恥辱を與ふるは分明なるにより嚴科に及ぶ

經覺料所新木莊間田壹町八段年貢注文

九段を覺朝九段を楠葉元次に充行ふ

興福寺本願淡海公藤原不比等御忌日廻請

(42ウ)

奉講梵網經　朝座

〔押〕□紙
善觀房才少僧都(權、下同ジ)奉
龍花樹院前大僧正(經覺)
押紙　讀師(明王院)
英算數大法師 奉
〵光明院僧正　隆秀
散花
〵光舜大法師(持寶院)奉　押紙
法隆寺僧正 俊円(東北院)
〵長官權僧正(勝願院良雅)奉
押紙　唄
舜覺房才律師
〵禪光院法印權大僧都 守能
呪願
〵定林房法印
〵延賢房法印(阿彌陀院清舜)
〵良賢房才少僧都

法華經第一卷　暮座

押紙
禪長房才律師 奉
藥師寺大僧正 隆雅(北戒壇院)
押紙
治部卿才少僧都(長舜)奉
〵法雲院僧正 実意
笛礼
性舜房擬講(良朝)奉
〵大安寺僧正 貞兼(松林院)　押紙
(喜多院空俊)權長官權僧正 奉
三礼
押紙　訓請大法師　光政(修南院)
西大寺法印才大僧都
〵賢了房法印(堯尊)
〵善定房才大僧都(印經)
〵堯善房才少僧都

朝座講師
〵舜長房才律師（法輪院賢慶）　　暮座講師
〵浄忍房擬講

朝座問者
〵専尋大法師　　夕座問者
〵光胤大法師

右依例奉唱如件、

宝徳二年七月　日　　　別會五師良朝

（43オ）

勝願院良雅
長官權僧正法印大咊尚位判

北院空俊
權長官權僧正法印大咊尚位判無之、不審、

表書云、

寺務勝願院良雅權僧正御代官供目代懐実（發心院）

權別當北院空俊權僧正御代官宗聚（惣陽院）

寶德二年广（庚）午八月三日淡海公御忌日（藤原不比等）　　別會五師良朝

○第四十三丁裏習書、第四十四丁白紙、

「（表紙題簽）安位寺殿御自記　二十五」

「（表紙、別筆）

能登岩井河用水記

御判」

○参考、尋尊大僧正記百十九、文明十七年六月能登・岩井兩河用水相論條々ニ、本册ノ要約アリ、

（1オ）

宝徳三年六月廿日、能登・岩井兩河用水事、自學侶寺務（勝願院良雅）邊就申子細、仰遣公文目代（多聞院繼舜）狀案、

自古市迎福寺仰遣了、

能登・岩井兩河用水事、新庄（畑森）（添上郡）与四十八町（添上郡）相論之處、爲寺務及無理之成敗之条不便候、

寶徳三年六月二十日經覺能登岩井兩河用水引漑の先例を覺朝をして公文目代多聞院繼舜に示達せしむ

畑森新莊と四十八町莊引漑相論の成敗に無理ありとし古市胤仙先規教示を請ふ

經覺學侶等が引漑決定せるを驚き且學侶等棄捐せし建久下文を根據に決定せるを知り先例を示す

兩河用水引漑順序決定は寺務の重要所管事項にして公文目代の勤務なり

四十八町荘は建久下文に據り申入るも中古以來敍用されず

寶治元年の例　四十八町荘初反三橋荘第二反神殿荘第二反競望し寺務一乘院實信大乘院圓實に諮り三橋神殿四十八町の順に引漑す

建長三年の例　四十八町初反神殿第二反三橋第二反競望し兩門跡相諮り神殿に引漑す

徳治二年の例　公文目代澄寬

（1ウ）

（2オ）

且先規樣存知度之由、古市播广(磨)(胤仙)房申入之間、無何事之樣ニ思食候て、被仰返事候處、及學侶以下沙汰之条、殊驚思食候、如此可成沙汰事と思食候ハヽ、可有御斟酌事にて候ける物を〔とカ〕御後悔之樣候、但既彼方への奉書を被出學侶候之處、安元・建久下文御棄捐之段、如何樣子細候哉、」寺門大底以建久・建保之掟爲法度まて申入事之間、此分にて不被仰出是非者、以前仰一向可成御虛言之間、先規分乍憚思食被仰出候、凡兩河用水事、寺務大事目代之劬勞、其段事舊候歟、就其四十八町者、以建久之下文每度雖申入事、・中(中)(又今)古以來一切不被敍用候、先寶治元年五月廿三日、四十八町先立入初反之申文、同廿四日巳時仏聖(三橋荘)(添上郡)入第二反申文、次同日酉剋入神殿第二反申文、競望次第如此之間、自寺務一乘院実信、被申合禪定院(大乘院)円實、候之處、先宛賜仏聖、次水於被下神殿(添上郡)、後可被引漑」四十八町之由、被申御返事之間、則宛給三橋庄畢、又建長三年七月、四十八町初反申文入之候、次神殿第二反申文入之、次仏聖第二反申文入之所望之、其時も兩門跡(實信・圓實)被申合、閣四十八町初反給神殿了、又德治二年七月四日、兩河用水所望庄〻、公文目(澄寬)代、寺家(一乘院良信)幷大乘院(尋覺)申入云、仏聖・神殿第二反申之候、又京南・四十八町初反事、自以前度〻歎申、神殿の次を可給之由、頻申入候、又越田尻庄捧第二反申文候、可給神殿

三橋神殿第二反の次京南四十八町初反越田尻第二反競望の由寺務一乗院良信幷大乗院尋覺に申入れ兩人相諮り越田尻に引漑す

(2ウ)

建武二年の例四十八町初反三橋第二反神殿第二反競望し先例に據り三橋に引漑す延慶三年文保元年元亨四年に四十八町初反を差置き三橋神殿第二反畑森新莊初反引漑するにより安元建久下文を寺務も兩門跡も不採用なるは明鏡にして學侶幷五師も異議を唱へず

(3オ)

特に中古五師等懸札を莊家に下置くと申すが此も寺務兩門跡許容の事に非ず兩河用水五師所管に非ざれ

(3ウ)

次之由申之、仍自寺家被申合禪定院(尋覺)之處、於越田尻庄者、異餘庄候歟」由被申候之間、宛給越田尻庄了、又建武二年五月、四十八町初反申文入之候、次仏聖第二反申文入之候、次神殿第二反申文入之候間、任□〔先〕例賜仏聖了、其外延慶三年・文保元年・元亨四年、閣四十八町初反、仏聖・神殿第二反、新庄初反賜之上者、安元・建久下文事、云寺務云兩門跡不用之条明鏡事候、終又此年之學侶幷五師不及所論候、今更如此申之条、如何樣子細哉、就中、中古明匠五師等下置懸札於庄家云〻、此条又寺務・兩門跡非可許容之儀候、其故ハ、兩河用水事、」五師等自專事候者、誠可爲龜鏡、不然者縱雖數千度之懸札於遣置候、更以不可有用須事候、凡寺門大底以建久・建保之掟爲法度之由、見彼狀候歟、此法度當時誰人守之哉、以尩弱之人數令徒黨、動引出寺門重事之条、爲寺無其德候、爲人爲巨害間、向後不可有其儀、若令違犯輩候者、或懸緣者、或可追却其身、其外重〻嚴重起請にて、建曆三年七月、寺務(二條雅緣)・權官(寶積院信憲)幷五師・三綱等加署、別會五師興実令執筆、」爲後證納社庫之處、去年六方之内纔以十人之内人數結黨、致非常之惡行之間、爲會式之違乱、及學侶之劬勞、滿寺重事令出來候き、其外元久・嘉祿掟、弘長三年起請、當時(〆寺)一事而無守之者候、然而爲寺門不處嚴科、雖恣相振舞、結句成媚爲

ば數千度懸札を遣すも不用事なり
寺門書狀に建久建保の下文法度と爲すとあるも此法度守る人なし
少人數徒黨を組み寺門重事を引出すを禁じ違犯者は自身追却緣者連座と定め建曆三年七月寺務權官幷五師三綱等連署し社庫に納む
去年六方衆內十人內の人數結黨し惡行に及び會式違亂等寺門重事出來す
元久嘉祿の掟弘長三年の起請を守らざるも寺門處罰せず惡行人一層跳梁す
今度の學侶書狀には總て建久建保の法度に隨ひ處理すべしと載するも用水事は彼掟を守るべきに非ざる旨寺

躰之間、惡行人弥陸梁候、只今如寺門書狀之〔者カ〕、可任建久・建保之法度之樣ニ申哉、寺

（4オ）

門之再興殊目出候、惣別之大慶不可如之哉、早見寺門之法度、成敗」悉被任建久・建保之法度旨候者、用水事何可及異儀哉、此条若無所成敗者、用水一事又必非可守彼掟候歟、前代之儀定其分、而每度被棄捐候歟、此子細寺務へ可被達申之由所候也、恐〻謹言、

六月廿一日　覺朝

公文目代御房

」

（4ウ）

學侶狀

能登・岩井用水事、神殿之次可宛給四十八町旨、建久之例分明候、結句中古名匠達五師職之時、神殿之次可爲四十八町旨、勒懸札之面、被下置庄家候、古今流例分明候處、不可有敍用之由及御沙汰候、言語道斷次第、抑建久之掟旨、御門跡御棄捐之段、且如何樣之子細哉、寺門大底以建久・建保之掟、爲寺門法度之段勿論事候、其段就惣別不

（5オ）

可有隱哉處、不可被敍用之条、返〳〵無勿躰候、以前任理運被成御下」知之上者、以此

務に傳達さるべし
學侶書狀
能登岩井川用水は神殿莊の次四十八町莊に給ふは建久の例に分明なり
中古名匠達五師の時神殿の次四十八町の旨懸札に勒し莊家に下置く
古今例不用の御沙汰は言語道斷なり
門跡建久の掟棄捐さるは何故か
寺門にては建久建保の掟を法度と爲す
之に據り理運の御下知を下されたし

通重而嚴密被仰付候者可目出候、晉匪御忌日方幷慈恩会及違乱、爲後々傍例可爲珎事候上者、如理運早々御下知可爲肝要之由、能々可有御披露候旨評定候也、恐々謹言、

六月廿日　　供目代宗學

(傳法院泰承)帥得業御房

」

○第五丁裏・第六丁白紙、

（表紙題簽）
「安位寺殿御自記　二十六甲」

（表紙、別筆）
「寶德三年十月十九日
唐船誂物日記奧記之、
要　鈔
御判」

（原表紙、自筆）
寶德三年十月十九日
唐船誂物日記奧記之、
奧卅六人哥人在之、
要　鈔
（經覺）
（花押）

（原寸縦二七・七糎、横二二・〇糎）

○本册、第三丁〜第三十一丁表ニ寶德三年十月十九日〜十二月二十八日ノ日次記ヲ載ス、第二ニ收ム、

詩賦

（２オ）

□了、
松門埋煙多日還暗二明之月、
草庵結露五廻僅拾一乘之珠、
仙人得五通也悟六句義於幽
閑之月、五頂備七德也、傳三
比量於深山之嵐、
三草二木花本縱雖猒叡學之□、
八門二悟月前何不汲橫川之流、」

唐船誂物日記
七郎次郎觀禪院出資錢五倍分契約せるも經覺分は古市胤仙の斡旋に隨ひ四倍分とす

（33オ）

○第三十一丁裏〜第三十二丁表白紙、裏習字、

觀□〔禪〕院料足以五倍分、七郎次郎請取之間、予分可爲同篇之由、可問答申□〔旨カ〕仰處、以四倍分可致沙汰之由可申旨、古市〔胤仙〕七月二日申間閣了、○以上追筆ナリ、

遣明船土官七郎次郎に錢五貫文を渡し唐物對價三倍分に契約

寶德四年二月七日、七郎次郎渡用途五貫文、以唐三倍分契約、（七郎次郎・楠葉西忍、寶德四年遣明多武峯寺・長谷寺船ノ

誂物
北絹
唐紙
砂糖
豹皮
麝香臍
唐墨
蠟燭
居座楠葉西忍に書與ふ
唐買物注文

土官ヲ勤ムルコト、大乗院寺社雑事記文明十七年八月七日ノ條ニ見ユ、）

此内ニテ誂物事

一茶染北絹一段　紅梅北絹一段代各貳貫文ニ定、
一長唐紙壹貫文　短唐紙七百文
一沙糖壹貫文
一豹皮一枚代壹貫文
一麝香ヘソ（臍）二代貳貫文
一サヒン一双代壹貫文
一唐墨一廷（挺、下同ジ）代壹貫文
(33ウ)
一蠟蠋（燭）二百廷代五百文二文ツヽ百廷、三文ツヽ百廷、
此外北絹上中品可取之由契約了、

同六月廿九日書遣楠葉（西忍）分事

唐買物注文

生北絹
練北絹
糸
花瓶
香爐
白茶碗皿
染付茶碗皿
青茶碗
胡銅甲立
麝香臍
唐墨
文綿
宋銭
障泥

(34オ)

一生北絹十段此内白七　黄三
一練北絹十段此内白五　薄紅梅二　黄一　茶染一　浅黄一
一糸貳貫文
一ス丶ノトヒヤクシノ花瓶一双カフナシ長一尺計、
一同香呂一
一□〔白〕血〔皿、下同ジ〕文在、茶垸口六寸計（中尺）覆輪ヲカケ三十」
一染付茶垸血口六寸計中尺覆輪ヲカケテ三十
一青茶垸小五十〔×四〕・　大五十
一胡銅カフタテ一双
一シヤカウヘソ三
一唐墨一廷
一文綿十段計白五　カウし三　アカキ以下、
一サウセン五
一アヲリ二

花緞子
表法用繪布
三十六人歌仙
柿本人麻呂　(35オ)
凡河内躬恆
大伴家持
在原業平
素性法師

一花曇子二段
一キンシヤ《錦紗》・インキン《印金》等ノ古物繪表法用也、
　　已上、

○第三十四丁裏白紙、

人□□《麻呂カ》
ホノ〳〵ト明石の浦ノ朝霧ニ嶋隠行《ヌゆく》舟ヲシソ思ふ
躬恒
我宿ノ花ミカテラニクル人ハ散ナン後ソ戀しカルヘキ
家持
サホ鹿ノ朝立小野ノ秋萩ニ玉トミルマテヲケル白露
業平
世間ニ絶て櫻ノナカリせハ春ノ心ハノトケカラマシ
素性
今コント云シ計ニ長月ノ在明ノ月ヲ待出シ《ルカ》カナ

猿丸大夫

猿□〔丸〕

遠近ノ立木モシラヌ山中ニヲホツカナクモヨフこトリカナ

藤原兼輔

兼輔

人ノ親ノ心ハ闇ニアラネトモ子ヲ思ふ道ニマヨヒヌルカナ

藤原敦忠

敦忠

逢ミテノ後ノ心ニクラフレハ昔ハ物ヲ思ハサリケリ

藤原公忠

公忠

行ヤラテ山路クラシツ郭公今一聲ノキカマホシサ□〔三〕

齋宮女御

齋宮

コトノネニミネノ松風カヨフラシ何ノヲヨリシラメ〔ヘカ〕ソメケ□〔ン〕

藤原敏行

敏行

秋キヌトメニハサヤカニミヱネトモ風ノ音ニソヲトロカレヌル

(35ウ)

源宗于

宗于

トキハナル松ノ緑モ春クレハ今一シホノ色マサリケリ

藤原清正　　清正
天津風吹居ノ浦ニキル鶴ノナトカ雲居ニカエラサル□□〔ヘキ〕

藤原興風　　興風
契ケン心ソツラキ七夕ノ年ニ一タヒ逢ハアフカハ

坂上是則　　是則
御吉野ノ山ノシラ雪ツモルラシ古郷サムクナリマサリナリ〔ルカ〕

小大君　　小大君
岩橋ノ夜ノ契モ絶ヌヘシアクルワヒシキカツラキノ神

大中臣能宣　　能宣
千年マテ限ル〔レ脱カ〕松モ今ヨリヤ君ニヒカレテ万代ヤヘン

平兼盛　　兼盛
カソフれハ我身ニツモル年月ヲ送リムカフトナニ急ケン

紀貫之　　貫之
櫻散ル木下風ハ寒カラテ空ニシラレヌ雪ソフリケル

伊勢
山部赤人
僧正遍昭
紀友則
小野小町
藤原朝忠
藤原高光

伊勢
三輪ノ山イカニ待ミム年フトモ尋る人〔ぬ脱〕もアラシト思ヘハ
赤人
和哥ノ浦ニ塩満クレハ片ヲナミ蘆ヘヲサシテ鶴ナキわた□〔る〕
遍昭
すゑノ露本ノシツクヤ世中ノヲクレ先立タメシナルラン
友則
夕去ハサホノ川原ノ川霧ニ友マトハセル千鳥ナクナリ
(36オ)
小町
花の色ハ移□〔ニ〕ケリナイタツラニ我身世ニフルナカメセシマニ
□〔朝〕忠
万代ノ初と今日ヲ祈ヲキテイマ行末ハ神ソシルラン
高光
カク計ヘカタクミユル世間ニ浦山シクモ□〔ス〕メル月哉

壬生忠岑
忠岑
春立ト云計ニヤミ吉野ノ山モカスミテ今朝ハミユラン

大中臣頼基
頼基
□〔二〕臥ニ千世ヲ籠タル杖ナレハツクトモツキシ君カヨハヰハ

源重之
重之
風ヲイタミ岩打ナミノヲノツカラクタケテ物ヲ思ふ比哉

源信明
信明
ア□□〔タラ〕ヨノ月ト花トヲ同ハアハシシレラン人ニミせハヤ

源順
□□〔源順〕
水ノ面ニテル月浪ヲカソフレハ今夜ソ秋ノモ中ナリケル

清原元輔
元輔
秋ノ野ノ萩ノ錦ヲ我宿ニ鹿ノ音ナカラウツシケル哉

藤原元眞
元眞
年コトニ春ノ別ヲ哀トモ人ニヲクルヽ人ソシリケル

藤原仲文

仲文
在明ノ月ノ光ヲ待ホトニ我ヨノイタク深〔更カ〕ニケルカナ

壬生忠見

忠見
子〔ノ脱カ〕日スル野ヘニ小松ノナカリせハ千世ノタメシニ何ヲ引□□〔マシカ〕

中務

中務
ワスラレテシハシマトロム程モ哉イツカハ君ヲ夢□〔ナカ〕ラテミム」

○第三十六丁裏・第三十七丁白紙、

享徳三年七月晦日遣明船筑前博多に歸著し土官楠葉西忍古市に來り明國亂れ商賣不調の様を報ず

伊勢法樂社の枝船硫黃以下を持歸る

(38オ)
享徳三年八月十六日、唐船歸朝トテ、楠葉入道〔西忍〕今度土官也、古市ニ來、七月晦〔×▒〕日日本〔×本〕地ニ付テ、博多〔筑前那珂郡〕ヨリ上テ來之由申云々、唐朝之儀散々之間、商賣之様不可說云々、黃硫一片先々五百或二百□十、今度廿五文云々、大刀者五貫無相違、惣而時儀不快之間、伊勢國法樂社之枝船、徒硫黃以下持返云々、仍諸事無正躰者也、比興、」

○第三十八丁裏白紙、

兩堂八番帳

(39オ)
西金堂一番頭　宝徳四

第一番空俊〔×俊 圓〕北院僧正

第二番寬正四年闕頭、寺務〔經覺〕勤仕之了、

第三番実意僧正法雲院　第四番守能法印禪光院
第五番　第六番
第七番光政法印修南院　第八番

東金堂
第一番俊円僧正東北院　寛正四年五月修二月一番頭懃仕了、第二番　余
第三番　第四番隆雅大僧正北戒壇院
第五番隆秀僧正光明院　第六番良雅僧正（勝願院）
第七番　第八番

○第三十九丁裏白紙、

春日社社家名字　(40オ)

□〔寶カ〕徳四年春日社〻家名字

康正二九十五被補延祐了、祐憲御造替時移殿以古具足、

○文安四年十一月十六日春日社正遷宮、

康正三四廿四逝去、
神主　時益積藏院中　正預　祐憲辰市西沙汰之由□□訴申故云〻、

康正三四｜補神主了、
権神主　家徳新薬師寺奥　権預　延祐積藏院大東

〔康正三〕
□□□四補新權神主、
新權神主家久 正眞院　　權預　祐雄 東知井〔地〕
康正二夏比死去云々、

〔文〕〔元〕
寛正六九廿二逝去、
權預　祐識 辰市中　　神宮預　秀泰 高畠
寛正二八十八死去、

加任預　祐文 辰市南　　權預　祐豐 正預子息

寛正二五廿二被罪科了、
權預　祐仲 慈性院　　次預　延雅 大東子息

寛正二三廿六卒去了、
若宮神主祐村（千鳥）

大中臣氏人

（40ウ）

大中臣氏人

左馬助時勝（中）　　積藏院中東 民部大輔時茂　　散位時長（中）

積藏院向 宮内少輔師種　　積藏院西 刑部少輔師淳　　散位家興（輿）

中子 散位時綱　　正眞院子 散位家益　　師尚 向弟

中臣氏人

中臣氏人

積藏院下 散位延盛　大西 散位祐前　大西弟 散位祐風　辰市中子 中務少輔祐藤 寛正四二八十七逝去、

慈性院子 修理亮祐松　〔地〕東知井子 散位祐億　辰市中子 改全 散位祐遠　大東孫子 延光 正預孫 祐音

□子猶菊

○第四十一丁～第四十三丁白紙、

（表紙題簽）
「安位寺殿御自記　二十六乙」

（原表紙、自筆）
能登岩井用水方御引付

要鈔

經覺

（原寸縦二八・八糎、横二二・三糎）

○本冊、巻頭年號ヲ闕クモ、尋尊大僧正記百十九、文明十七年六月能登岩井兩河用水相論條〻ニ本冊ヲ引用シ、永享五年五月ノ記事ナルコトヲ示ス、

繼舜使者を派し畑森新莊と四十八町莊用水相論し一乘院昭圓院領畑森新莊を別會五師堯尊四十八町莊を推すを申す

經覺兩方の主張を通知せしむ

一乘院坊官訓貞奉書

畑森新莊百姓申狀を公文目代繼舜に傳ふるも成敗に及ばず

門跡の下知を請ふ

○前闕、

〔永享五年〕

〔五月〕

(1オ)

公文目代(多聞院繼舜)自寺務(經覺)可加下知之由返答了、

十三日、

公文目代使申云、能登・岩井兩河用水事、畑森新庄(添上郡)与四十八町(添上郡)相論□(事)、且可爲如何樣哉、

畑森事自一乘院家(昭圓)被仰候、四十八町事別會五師堯尊稱學侶沙汰來申云々、

(1ウ)

仰云、一乘院仰之趣可申別會五師、又別會申旨可申入一乘院」由仰了、

又自一乘院奉書、

先度被申入候能登・岩井兩河用水事、以畑森新庄百性申狀、被仰遣公文目代方之處、未及成敗□(也カ)、自㝡前被仰遣之處、有無沙汰候、此上者爲御門跡(經覺)堅被加御下知候者、殊可爲御本意之由、可令披露給之由所候也、恐々謹言、

寺務奉行福智院隆舜返書　畑森新荘水文下付を公文目代に命ずるに四十八町荘競望を別會五師取次ぐ旨申す　經覺之を一乘院家に通知するを命ずるに申さざるは以外なり　先規による事柄なるにより舊例を披見されたし

（２オ）

公文目代別會五師堯尊書狀を取進む　四十八町荘は既に水申文を入るにより引漑を公文所に下知されたし

（２ウ）

五月十三日　訓貞

當番申次御中

能登・岩井兩河用水事、任畑森新庄所望之旨、可成水文之由、御下知公文目代之處、四十八町競望之間事、稱學侶衆議、別會五師執申旨令申之間、可申入其御門跡（昭圓）之由、被仰遣了、未申哉以外候、學侶沙汰不得御意候、所詮且可依先規事哉、能ゝ可被御覽」舊例哉之由、可申旨候、可令披露給哉、恐ゝ謹言、

五月十三日　隆舜（福智院）

○充所闕ク、

同日自公文目代別會五師狀取進之、

只今申入候兩河用水事、自一乘院依御申入候、畑森新庄可有御許可旨承及候、御事実」候者、以外歎存候、於四十八町□（者カ）既入文仕候上者、被任理運可有御下知公文所候、不然者庄ゝ可及合戰等条、爲寺社惣別無勿躰候、忩ゝ任入文之次第、被成御下知之樣、可有申御沙汰之由、五師評定申候、恐ゝ謹言、

隆舜返書

先規により先後を決する定法なり

畑森新荘と四十八町荘相論の際申文の先後によらず四十八町荘に水文下付の先例勘進を堯尊に命ずべし

訓貞奉書

別會五師執申す四十八町荘引漑の次に必ず畑森新荘引漑の下知を下されたし

（3オ）

（3ウ）

（4オ）

五月十三日　　別會五師堯尊」

公文都維那(多聞院繼舜)御房

返事、

付能登・岩井兩河用水事、畑森新庄与四十八町相論事、五師評定之趣、別會五師堯尊申狀被御覽了、用水事、自往代其法依不輙、自他雖偏執、被任先規之条、有限之儀候哉、所詮畑森新庄与四十八町相論之時、不依申文之先後宛給四十八町之条、可勘進先例之由、可被仰遣別會五師候也、」恐々謹言、

五月十三日　　隆舜

公文目代御房

十四日、

一乘院奉書、

能登・岩井兩河用水事、四十八町百性等堅歎申之子細候由、自別會五師方執申入候、先以可有御下知候哉、於四十八町次者、必々被入畑森新庄之樣、」被加御下知候者、

諒承の返答す

堯尊書状

一乘院畑森新荘引漑口入停止を申入るべしとの命により昨日一乘院に參り訓貞に就き申入るに昭圓今朝寺務に畑森新荘引漑に口入停止を申すと約さる

仍りて四十八町荘引漑充文下付を公文所に下知されたし

既に水文下付の命を下す旨經覺書状にて返答す

（4ウ）

殊可爲御本意之由、可令披露給旨所候也、恐々謹言、

五月十四日　　訓貞

當番申次御中

奉了之由返答了、

又自別會五師方状、

能登・岩井兩河用水事、畑森新庄競望一乘院御口入被止之者、可被下四十八町候、其子細別會參一乘院可申入之由被仰下之間、則昨日參申入了、以訓貞寺主委細申入之間、」畑森御口入事、可有御略候、其子細今朝可有御申御寺務（經覺）旨被仰出候、返々目出畏存候、仍四十八町兩河用水事、可成宛文之由、公文所被成御下知候者、可畏入存之由、可有御披露候也、恐々謹言、

五月十四日　　別會五師堯尊

（福智院隆舜）因幡寺主御房

既可成水文之由御下知之旨、以御状被仰御返事了、」

神殿荘九日より第二反引漑を望む
他荘競望するも神殿には對論成せず神殿に水文を下す

（5オ）

佛聖荘第二反引漑競望するも神殿決定により却下す明日より神殿に引漑す
今度競望諸荘

神殿荘以外の五荘明日より

（5オ）

六月

七日、
能登・岩井両河用水事、自來九日可給之由、第二反神殿望申候、其外庄々雖申之、對神殿不可有對論之間、可成水文神殿之由仰了、
八日、
両河用水事、仏聖（添上郡）（三橋荘）第二反雖申之、既給神殿之間、不可叶之由仰了、仍自明日水事給給（衍カ）神殿了、
今度望申庄々事、
京南・四十八町初反、新庄第二反、越田尻初反也、

七月

十八日、

（能登・岩井）兩河用水事、自明日所〻競望、
仏聖第三反、畑森新庄・四十八町各第三反、越田尻・京南各第二反、所望之次第如此候、可爲如何樣哉之由、公文目代伺申入之間、畑森・四十八町事、對仏聖同反相論不可有先規、次越田尻・京南第二反与仏聖第三反相論之時如何樣哉、宜任先規之由、」（6オ）仰公文目代之處、通目代隆舜狀勘先規進了、
广（應）安四年仏聖第三反与越田尻第二反相論之時、依爲水主給仏聖了、京南事又以如此、先規非一候云〻、仍可給仏聖之由仰了、
至昨日十七日、神殿第三反取之云〻、」

〇第六丁裏白紙、

（7オ）
寺務朳（權）僧正俊円、東北院、
嘉吉三年五月二日、神殿庄事能登・岩井兩河用水事、可下給神殿庄初反之由申間、給主（成就院）（清祐）狀幷百性申詞等可遣公文目代之由仰了、
爰公文目代繼舜自去月廿六日參宮、今月三日可下向云〻、依之欤未下遣水文云〻、
同三日申剋、仏聖三橋庄出初反申文望申、然而神殿自以前入置申詞上者、非所論之限欤、

の引漑を競望す

公文目代繼舜之を上申す

畑森新荘井四十八町荘の對佛聖荘同反相論の先規なし

越田尻荘井京南荘第二反と佛聖荘第三反相論は先規に據ると返答するに通目代隆舜先規勘進す

應安四年相論の時は水主佛聖荘に引漑す先規一に非ずと

仍りて佛聖荘に引漑許可す

昨日まで神殿荘第三反引漑す

嘉吉三年五月二日神殿荘初反引漑を望む給主書狀と百姓申文を公文目代に呈出せしむるも繼舜參宮留守により水下文を下さず

三日佛聖三橋荘初反申文を

出す
神殿荘既に申文を入るに猶佛聖引漑を諍申す
神殿荘給主成就院清祐引漑遅引を訴ふ
經覺嚴重催促を約す
寺務東北院俊圓兩荘隔日引漑を提案す
先規なきにより神殿荘は拒否し三橋荘は領狀す
三橋荘申狀無道なり
神殿荘は七晝夜三橋荘は五晝夜引漑の定なり
三橋荘七晝夜引漑の所存か
繼舜俊圓の命を傳ふ
三橋荘水文紛失し支證による糺明困難により兩荘隔日引漑を下知されたし
初日は抽籤にて決定し明日より引漑すべし

（７ウ）

（８オ）

然ニ如何樣可給仏聖之由諍申云〻、

同四日、彼用水事猶不究、不可說事欤、」

同五日、

清祐(成就院)法眼申云、兩河用水事、仏聖与神殿相論事、公文目代兎角申延之、于今不下給神殿候、不便次第候由歎申間、嚴密可加問答之由仰含了、依小五月物忩不及重問答者也、就其自寺務仰云、目代云、如此及相論上者、与仏聖与(〆各)神殿各日(隔、下同ジ)ニ一日ツヽ可取之由申云〻、此条不可有先規之間、於神殿者不可有領狀之由仰了、(者也、)三橋庄ハ各日事不可有子細旨申之云〻、是又三橋庄無道申狀比興之次第也、神殿ハ七ケ日夜、仏聖五ケ日夜也、非可相替哉、如今所存者、三橋庄七ケ日夜可取之由存欤、沙汰外次第也(〆也)、〱、〇上ノ四十四字追記ナリ、

同六日、

公文目代申云、自寺務如此承候、

就(〆能)兩河用水事、三橋庄水文事、」被相尋候處、令失墜之由申候、然者兩庄共以支證糺明事難叶上者、昨日如被仰出候、各日水取之樣ニ早〻可有御下知候、於取初日者、可爲探候、以此之趣、自明日其沙汰候樣、早〻可有御下知之由、可申旨候、恐〻謹言、

返事
南院泰祐奉書
佛聖莊神殿莊
引漑順序は水
申文呈出の先
後により決定
する法則なる
に今度其法を
破るは向後錯
亂の基なり
神殿は水主と
して兩河を自
專し餘莊引漑
中に召返し引
漑の例多し
三橋莊は佛聖
の號異他によ
り兩莊は入文
次第と治定す
古來の法則に
任せ申立つべ
し
吉水時分時日
を送るは諸莊
不便なり
先年京都より
波多森新莊引
漑下知ある時
大乘院門跡よ
り上申し下知
を直さる
兩門跡寺務の
時も先規を亂
さば紋用せざ
るは曆應以下
の證跡あり

五月六日　　　光胤（清淨院）奉

公文目代御房

返事

能登・岩井兩河用水事、於仏聖・神殿者、守入文次第沙汰來之条、自以往之法則不能
左右候、限今度事、新被破其法之条、向後錯乱之基、殊歎思食候、兩庄之內、」（8ウ）於神殿
者爲水主令自專兩河之間、余庄中間より被召返、被引漑神殿之跡、猶以其例多候欤、
三橋庄事、仏聖之号異他之間、可爲入文之次第とハ一段治定事候之處、今更新儀之沙
汰難被用候、早任古來之法則可被申沙汰哉、吉水之時分無故被送時日之条、爲諸庄薗
尤不便之次第候、於用水事者、先年就波多森新庄事、爲京都雖有御下知子細候、自當
門跡付申所存、可任古來之法則之由、被成直御下知了、又雖爲兩門跡（一乗院・大乗院）寺務、於乱先規
沙汰者、自他不紋用而被仰子細之条、曆應以下之跡」（9オ）勿論事哉、得其意能々可被申沙
汰之由所候也、恐々謹言、

五月六日　　　泰祐（南院）

繼舜俊圓の狀を取次ぐ

寺務奉書神殿荘最前に水取る法則の支證を拜見し了簡あるべし分明支證なきにより折中して隔日取水の下知を下さる神殿荘最前水取りの法則あらば何故毎度相論に及ぶか

（9ウ）

繼舜書狀

寺務奉書を披露されたし

（10オ）

公文目代御房

公文目代繼舜申云、以前被仰下之趣、申寺務之處、重如此被申、

就兩河用水事、彼御折紙之趣、委細披露申候、肝要閣三橋庄、神殿寂前ニ水取之条、古來法則之由被仰出候欤、左樣支證候者、被申拜見可有了簡候、無分明御支證候者、及每度相論之間、以折中之儀、各日〔隔〕ニ」可取水之条可然候哉之由、思食候間、其子細御下知了、所詮神殿寂前水取之段、自往古法則候者、每度及相論候事、如何樣子細哉之由、能々內々可申旨候、恐々謹言、

五月六日　　渕賢奉

公文目代狀

就神殿在与三橋庄用水相論事、寺務奉書如此候、子細見彼面候、以此旨可然之樣可預」御披露候〔旨カ〕所仰候、恐惶謹言、

五月六日　　繼舜

當番申次御房

應永二十九年神殿荘三橋荘第二反水申文を同日同刻呈出時の寺務松林院光雅不審狀を自狀に付し俊圓に送る

兩荘引漑順序申文先後によるは既に申入る

別當光雅の書狀正文を進呈するにより披見されたし

自記録も書遣す

應永二十九年七月三日條神殿荘給主成就院清祐并同荘百姓第二反引漑の申狀を呈出す

同四日條光雅書狀を呈し兩荘初反第二反取水は申文先後によるは承知するも同時の際の下知舊記は持たざるにより御記録を示されたし

出門の先後付し置く順序に

同七日、
去應永廿九年、神殿第二反与三橋庄第二反、同日同剋捧申文之間、自寺務光雅（松林院）僧正不審狀見出之間、內〻以愚狀仰遣別當僧正俊圓之次、遣此光雅狀了、
三橋庄与神殿令相論能登・岩井兩河用水事、依申文先後之条、巨細以前粗申了、去應永
(10ウ)
廿九年光雅僧正別當之時、不審子細候書狀求出之間、正文進候、」內〻可被御覽哉、便宜之題目憑入事候間、蜜〻申候、御意得候て可被成敗哉之由、仰遣了、
余記之旨、同書遣了、
同四日、
广永廿九年七月三日、神殿用水事、第二反給主（成就院清祐）狀并百性申詞等捧之間、可成御教書之由仰付了、
同四日、
別當僧正光雅以（×申）書狀申云、
能登・岩井兩河用水事、仏聖与神殿初反・第二反、同依申文先後之由存置候、而彼兩庄時剋同時之時如何樣下知哉、舊記只今不得堪候、御記通可示給云〻、
(11オ)
仰云、或尋出門之先後、或守付置次第、」可有成敗欤之由仰了、
同五日、

より成敗あるべしと答ふ
同五日條
松林院貞兼上洛の途次來る
神殿莊用水事尋ぬるに先後不分明なれど公文目代貞義神殿先立かと申すにより神殿取水を下知すと
以上を書寫し遣す
光雅書狀
俊圓返狀
兩莊隔日引漑既に寺門に披露するに寺務改變するは一事兩樣となる
昨日御書下さればお御意の通り問答せしが引漑決定遲引せるにより寺門に披露せしものなり
光雅僧正書狀は明日返上す

（11ウ）

貞兼（松林院）得業來、只今上洛之次云々、就其神殿庄用水事相尋之處、先後雖不分明、如目代（貞義）申狀者（×▒）、如何樣神殿ｏ（申文）先立歟之間、宛給神殿候、其子細既下知云々、

此分書寫遣了、

光雅狀

就能登・岩井兩河第二反用水事、仏聖与神殿者、初反・第二反同依申詞之先後之由存置候、然彼兩庄只今申詞捧之候、時剋卯剋、同篇候、如此同時申時者、下知如何樣哉、舊記只今不得堪候、御記之通乍恐被示下」候者、可畏存之由、可有御披露候、恐々謹言、

七月四日

禪祇殿

別當僧正俊圓（東北院）返狀

御書之趣、悉細意得申入候、此題目事、既寺門披露之處、又取返爲寺務沙汰事、一時（事）兩樣なる樣候、可如何仕哉、昨日も被下て候ハんにハ、以此書狀之通、可問答仕物をと存候、更々雖無等閑之儀候、あまりニ不事行之間、寺門出之候、光雅僧正書狀先預

戌刻又俊圓書狀到來す

隔日引漑事供目代快經學侶集會に披露せずと申すにより御意に隨ひ三橋莊給人と問答し承伏せしめ申文の先後による水文下付を公文目代に命ず

經覺返書案

（12オ）

置候、明日必〻可返上仕候」由、被加御詞、可有御披露候、恐〻謹言、

五月七日　　俊圓

伊与都維那（多聞院繼舜）御房

同戌剋又以書狀別當僧正俊圓申之、

彼一ケ条事、既集會披露候歟之由、內〻供目代（快經）尋遣之處、未無其儀由申間、則以前仰候趣にて、三橋給（×庄）人方へ堅問答仕之間、とかく申候つれとも、申伏承諾候、仍任申詞之先後可成水文之由、只今公文目代加下知了、向後」可爲此儀候、一段令落居候、爲向後返〻目出候由、能〻可有御披露候、恐〻謹言、

（12ウ）

五月七日　　俊円

伊与都維那御房

袖云、

以前預置候光雅僧正書狀返上仕之由、同可得御意候、

返事案

有道の御成敗目出度し

兩河用水事、有道御成敗、爲諸庄薗尤目出候、殊神殿大慶候、懇《示》承返〻悅入候、既及

(13オ)

黄昏之間、」老眼不能委細候、追猶可申候也、謹言、

五月七日　　判

東北院御房へ

御返事

泰祐を派し俊圓に昨夜の書狀到來を謝す

同八日、

遣泰祐法橋於別當僧正所、仰夜前之音信之悅了、

今日より神殿荘に用水引漑す

一則自今日下水於神殿云〻、

十四日、雨下、

今日まで神殿荘取水す

至今日兩河用水神殿取之、

十六日、

今朝より三橋荘に引漑す

自今朝兩河用水事、下佛聖云〻、」

(13ウ)

寺務木(權)僧正兼曉慈恩院、

神殿荘用水初反取水競望し經覺御教書を公文目代繼舜に下す

神殿荘四十八町荘畑森新荘の三荘初反申文を捧ぐるにより繼舜兼曉に上申し水文を畑森新荘に下す

是は以外の沙汰なり

經覺兩河水主神殿荘初反と他荘初反は對論の限りに非ずとし畑森新荘下付の水文を召返し神殿荘に下付するを兼曉に申入る

兼曉領狀し繼舜に奉書を下す

大乘院門跡の命により明日よりの取水不許可を畑森新荘に下知すべし

(14オ)

文安元年潤(閏)六月廿二日、能登・岩井兩河用水事、神殿庄初反申之間、成御教書於公文目代(多聞院繼舜)了、奉行隆舜(福智院)、

同廿二日、

兩河用水事、神殿・四十八町・新庄三ケ所分、各捧初反申文之間、公文目代申寺務之處、可給新庄初反之由、加下知之間、則成水文於新庄云〻、此事、云寺務之下知、云公文目代沙汰、言語道斷之次第也、仍仰寺務云、兩河用水事、於神殿者、」爲兩河水主令自專之間、神殿第二三反与余庄初反、猶以令相論事候、而今度事ハ、共以初反事之間、更不可及對論事候處、結句不及一重紏明、則被成水文於新庄之条、且如何樣之子細哉、返〻驚入候、所詮任道理、早可被召返水文、可宛給神殿之由仰遣了、仍自寺務新庄ヘハ不可許可旨成奉書了、

能登・岩井兩河用水事、自御門跡(經覺)堅被仰出之上者、於自明日之用水者、不可被許可候、能〱可存其旨之由、可有御下知波多森新庄之由所候也、恐〻謹言、

後六月廿二日　　善英

公文目代御房

」

兼曉自筆書狀
畑森新荘下付水文返進を兩度給主古市胤仙に催促するに之を拒否する一往は成敗せるも門跡領には特殊事情あるにより寺務綺は止む以後の事は御門跡として處置されたし

神殿荘大乘院領なる事聊も存知せず卒爾の成敗恐入る重大事たるにより自筆を以て申上ぐ

經覺繼舜を派し兼曉に水文神殿荘下付を命ぜしむ

（14ウ）

又寺務狀

彼用水間事、於理非者、追而可有糺明候、先於水文者、可令返進奉行邊之由、嚴密及兩度申遣古市（胤仙）候之處、返納事者難儀之由申之間迩事候、所詮一往雖致成敗候、御門跡領有子細事候上者、堅可止綺候、自今以後事ハ、不可存知候、ともかくも爲御門跡可被經御沙汰哉、言語道斷之次第候、可然之樣內〻可預御披露候、恐〻謹言、

（閏脫）六月廿三日　兼曉

（多聞院繼舜）伊与寺主御房

」

（15オ）

袖云、

以前如令申候、神殿事つや〳〵御領事不存知之間、卒尓之成敗返〻恐存候、重事之間、以自筆令啓候、可被加芳言候、憑入候、

重仰寺務云、

用水事、不及御糺明、楚忽被成水文上者、急被召返水文、可給神殿候、雖爲何度、就

兼曉新莊當給人古市胤榮の拒否に困惑し經覺被官人なるにより自身下知されたしと懇願す
經覺參候せし胤仙と問答するに新知行により事情は知らざるも水文召還は不面目なり今度は特別に許可さるるか又は神殿莊百姓同莊優先取水の告文提出せば返還承諾すると申す
神殿莊給主成就院清祐百姓告文呈出し胤仙二十三日水文返還す
二十四日より神殿莊取水す
兩河用水引漑
例
寶治元年五月四十八町莊初反佛聖三橋莊第二反神殿莊第二反競望寺務一乘院實信大乘院圓實に諮り申文先

御下知可申所存之由仰遣了、則繼舜罷向了、

返答云、

(新庄)當給人古市申所存候間、手も力も候ハす候、御披官人事にて候ヘハ、爲門跡」被加御下知候ハヽ、定可落居欤之由、色々歎申之間、折節古市令參候之間、加問答之處、申入之趣ハ、初而知行仕之間、巨細不存知候、乍去既給水文事候、被召返之条、且者無面目候、不苦之樣ニ候ハヽ、以別儀今度被閣之欤、不然者、神殿百性ニ被沙汰告文候て、新庄相論之時、毎度就理運(×■)預御成敗事候由、告文を沙汰候ハヽ、不可申子細之由申之間、其分不可有相違、可加下知之由、仰給主清祐(成就院)法眼之間、則沙汰進了、仍廿三日水文於令」返進了間、自廿四日神殿取兩河用水了、

(15ウ)

○約十行分空白、

(16オ)

(16ウ)

(能登岩井)兩河用水事

一寳治元年五月、四十八町初反申文入之、次同廿四日巳時、入佛聖申文、同日酉剋入神殿(第二反)申文、則自寺務一乘院実(信)被申談當門跡(圓實)之間、可被任申文次第旨返答之間、宛給

入三橋荘に充つ
建長三年七月四十八町初反神殿第二反佛聖第二反の順に申文を入る佛聖并神殿他荘と異なるにより神殿に充つ
建武二年五月四十八町初反佛聖第二反神殿第二反競望佛聖に充つ
徳治二年七月現在神殿第二反引漑す次水所望の京南荘井四十八町先立て望申すも佛聖神殿第二反所望により先に引漑す
京南荘四十八町初反神殿の次引漑も愁訴す
越田尻も第二反申文を捧げ神殿次水所望により尋覚に諮り越田尻に充つ
延慶三年文保元年元亨四年

三橋庄了、

一建長三年七月、四十八町初反申文入之、次神殿第二反申文入之、次佛聖第二反入之、又此子細兩門跡被申合處、爲実源之奉書、於此河者、仏聖・神殿異他候由被申之間、宛給神殿了、」

(17オ)

一建武二年五月、四十八町初反申之、次仏聖第二反申之、次神殿第二反申之、宛給仏聖畢、

一徳治二年七月四日、公文目代(澄寛)申云、兩河(能登・岩井)用水事、當時神殿第二反引漑之候、次水所望庄〻京南庄・四十八町等、先立度〻歎申、然而佛聖・神殿望申第二反之間、先宛給了、爰京南・四十八町初反用水可給神殿次之由、頻歎申、又越田尻庄捧第二反申文、可給神殿次之由申間、被觸申禪定院(大乗院尋覺)之處、於越田尻庄者、異餘庄歟、不違先規之樣ニ御計不可有相違之由被申之間、宛給越田尻了、

(17ウ)

一延慶三年　文保元年　元亨四年」仏聖・神殿ノ第二反与四十八町初反相論之時、被閣四十八町初反、宛給神殿了、

閣仏聖・神殿第二反、給四十八町初反例、

一文永九年実性(法雲院)僧正寺務時、神殿第二反以前宛給四十八町了、

佛聖神殿第二反と四十八町初反相論し神殿に充つ

佛聖神殿第二反の先に四十八町初反引漑の例

文永九年法雲院實性寺務時

同十年一乗院信昭寺務時

弘安元年より正安二年に至る間八度

對京南相論例

文和二年七月佛聖神殿京南第二反越田尻次水を争ふ

寺務大乗院孝覺申文先後により佛聖神殿に引漑せしむ

佛聖神殿第三反と京南初反相論に及ぶに第二反との相論は論外なりと

暦應四年七月京南第二反と神殿第三反四十八町次水を争ふ

一同十年原殿（一乗院信昭）（菅原僧正）寺務時、仏聖・神殿第二反与四十八町初反相論之刻、被申合當門跡（大乗院尋信）間、可爲御計之由被申返答之間、被引漑四十八町了、

（18オ）

一弘安元年　二年　四年　七年　九年　十年　永仁二年　正安二年　閣」仏聖・神殿第二反、宛給四十八町初反了、

對京南相論事

一文和二年七月、越田尻庄次水事、去九日巳剋、仏聖第二反申之、同日午剋神殿第二反申之、同十四日京南第二反申之、于時別會五師詮寛、孝ー（覺）寺家仰云、兩河用水事、越田尻次水任申文次第可仏聖・神殿歟、於仏聖・神殿者、子細異他間、第三反時前々對京南之初反及相論、於第二反者、弥沙汰外事歟、

一暦應四年七月十六日、京南第二反申之、四十八町次水申之、而同十九日、神殿第三反同次ヲ可給之由申之、孝ー（マヽ）寺務仰云、神殿爲水主競望之時、」余庄非對論之限之間、給神殿了、

（18ウ）

（暦應三年十月二十四日寺務一乗院覺實辭退シ、同四年八月二十四日還補ス、其間寺務未補ナルコト、興福寺三綱補任ニ見ユ、）

一觀广（應）三年五月廿七日、京南庄初反之水引漑之最中、同廿九日未剋、仏聖初反申文到來之間、依水主自中間召返下文、六月一日引漑仏聖了、

水主により神殿に充つ
觀應三年五月二十七日京南初反水引漑中二十九日佛聖初反申文到來により下文を召返し六月一日より佛聖に引漑す
明德元年四十八町初反と神殿第二反相論す
寺務大乘院孝尋水支證呈出を命じ四十八町兩度神殿十餘箇度の例を捧げ神殿に水文を下す
畑經胤奉書
佛聖三橋莊と神殿莊用水相論同反は水申文呈出先後によるは古來の先規なり
同時刻たらば出門先後による相論もあり
神殿給主成就院淸賢去年佛聖莊の例に任せ取水許可を申出るも寺務に直接申入る

(19オ)

一明德元、四十八町之初反与神殿第二反諍申之間、兩庄互以水支證可申上之由、寺務大乘院孝ー《尋》、被下知、而四十八町者、文永・弘安兩度之例捧之、於神殿者、十余ケ度（宝治以下）之例捧之間、閣四十八町、被下水於神殿第二反了、」

能登・岩井兩河用水事、仏聖与神殿相論事、被聞食了、於同篇之論者、(×)可依水文先後之条、古來先規候歟、於同時之所望者、出門先後なと相論も候けるやらん、さ候程ニ、今度よい（宵）より神殿被付置候之間、可爲理運之由、自昨日淸賢（成就院）以使者再往申入候、其故仏聖〔者脫カ〕去年霄より付置申狀ニより候て、兩度ニやかて先立申取候上者、當年事可任其例之由、申つれ候も、寺家（大乘院尋尊）成敗事可直申入旨被仰出了、仏聖事可爲同篇候、直可被申哉、同剋申文時先例候、無御覺悟之間、」不及御意見之由所候也、恐々謹言、

（長祿四年）七月十二日　經胤（畑）

因幡法橋（福智院牲舜）御房

(19ウ)

彼童子幷下司代被御覽被返遣候、

を命ず
佛聖も同様になすべし
同刻申文の先例あるも記憶せざるにより意見に及ばず
佛聖三橋莊給主耕舜
公文目代多聞院繼舜書狀
神殿莊佛聖三橋莊第二反京南莊初反取水競望し別會五師兩度書狀進上す
先規に任せ成敗されたし
神殿莊百姓申狀
六月二十六日より畑森新莊に充給ふ
明後日より當莊に充下されたし
神殿莊給主成就院清賢書狀
尋尊に申沙汰を請ふ

(20オ)

寛正二年七月四日能登・岩井兩河用水事公文目代狀

能登・岩井兩河用水事、神殿庄并仏聖三橋庄共以第二反所望候、同京南庄初反所望候、仍別會（好嚴）五師及兩度申入候書狀進上仕候、任先規可有御成敗之由、可令披露給候、恐〻謹言、

七月四日　繼舜（多聞院）

畑藏（經胤）人殿

」

目安　神殿御庄御百性等謹言上

右能登・岩井兩河用水事、自去廿六日申給波多森新庄候歟、自明後日五日被宛下當庄候者可畏入、（候脱カ）粗言上如件、

寛正二年七月三日

給主狀

能登・岩井兩河用水事、神殿庄百性等申狀如此、早〻可令申沙汰給哉、恐〻謹言、

七月三日　　　　　　　　　　清賢

大進寺主(十輪院孝承)御房

大乗院門跡奉書
尋尊神殿荘引漑の申沙汰を繼舜に申入る

門跡奉書

能登・岩井兩河用水事、神殿申狀如此候、可被申沙汰之由、被仰下候也、恐々謹言、

七月四日　　　　　　　　奘舜(福智院)

公文目代御房

佛聖三橋荘百姓等申狀

三橋申狀

謹上　下三橋庄仏粡(糲、下同ジ)百性等言上

右能登・岩井兩河用水、來五日自卯剋、仏粡方下可給候、

明五日卯刻より引漑されたし

寛正二年七月四日　　　　　百性等謹上

」

三橋荘給主通目代福智院奘舜書狀

(20ウ)

目代狀

三橋荘第二反明日より引漑されたし

能登・岩井兩河用水仏聖領三橋庄第二反、自明日可下賜之由捧申文候、可令申沙汰給
哉、恐〻謹言、
七月四日　　　　(福智院)奘舜
公文權上座御房

京南荘百姓等申状

當荘薄地にして旱損す両河用水今月五日より七晝夜下されたし

京南庄　　百性等謹言上
早任先例、可下賜能登・岩井兩河用水事
右當庄領内者、依爲薄地、可旱損之条無其隱間、能登・岩井兩河用水ヲ、自今月五日
七ケ日夜間、可下給者、百性等可成案〔安〕堵之思、弥可守御公事者也、粗言上如件、
寛正二年辛巳七月二日
」

(21オ)

別會五師好嚴書状

両河用水明後五日より辰市京南荘に充下されたし

他の五箇荘は既に引漑す

能登・岩井河用水事、自明後日五日、可被下于龍〔辰〕市京南候、於五ケ庄者、既以前被下上
者、京南理運哉、可得御意候、恐〻謹言、
七月三日　　　　別會五師好嚴

別會五師好嚴書狀
京南荘は當年未だ下されず明日より京南荘に下さる事五師一列申入る

畑經胤奉書
佛聖神殿第二反と京南初反申狀披露す
文和二年神殿第二反と京南初反申請は神殿に下し應安四年佛聖神殿第三反と京南初反申請は佛聖に下す先規あり

多聞院
伊与上座御房（繼舜）

重別會狀
能登・岩井河用水事、昨日進狀了、此用水事、於京南者、當年未被下上者、相構自明
日可被下于京南候、此段五師一烈〔列〕堅可申入通候、爲得御意令啓候、聊余庄競望申欤之
由承及之間、將又重而令申候、此趣能樣御披露申御沙汰候者目出候、恐ゝ謹言、
七月四日　別會五師好嚴
伊与權上座御房
」

(21ウ)
仰返事云、
能登・岩井兩河用水事、仏聖・神殿第二反、京南初度、各申狀令披露了、仍被御覽先
規處、文和二年七月、神殿庄第二反与京南初反伺申間、被下神殿第二反了、又曆應四
年七月十六日、京南第二反申之、神殿第三〔反脱カ〕申之、又應安四年仏聖・神殿第三反与京南
初反兩方申之間、京南初反令閣、給仏聖第三反了、先規既如此上者、神殿爲水主令自

神殿は兩河水主たるにより神殿第二反取水を許可さる

專兩河上者、可給神殿第二反由被仰下候也、恐々謹言、

七月八日　　經胤

公文目代御房」

(22オ)

公文目代多聞院繼舜書狀

佛聖莊第二反と京南莊初反申文及び別會五師申狀等を進上す

水文等上覽後返下されたし

同七月十二日、

公文目代狀

兩河用水事、仏聖第二反・京南庄初反申文進上候、別會五師申狀等進上仕之由、得御意哉、恐々謹言、

七月十二日　　繼舜

畑(經胤)藏人殿

彼水文等被備上覽後可被返下旨可得御意候、

五師衆書狀

明日より京南莊に引漑されたし

五師申詞

以前爲(×度々)別會而度々申入候能登・岩井(兩脱カ)河用水事、自明日京南被下候者、可目出候、故舜

學問所參候の故舜觀房僧都置文に優じ京南引漑許容されたし

（22ウ）

觀房僧都置文分明候、被信舊老事候、〔者脱カ〕不可有越度候、殊更被參御學問所事候、御許容」候者可畏入候、如此之儀、被守舊例者可爲㢡重候、被任御權勢事歎入候、爲一烈〔列〕被執申事候、無爲之御成敗可爲御興隆之由、可預御披露之由評定候也、恐々謹言、

七月十二日　　五師衆等

伊与權上座御房

袖書

袖云、余方定可競望申哉間、重申入候、

別會五師好嚴書狀

當年兩河水五箇莊には度々許可あるに京南莊のみ無沙汰さるるを愁訴す

田地漑水時分引漑下知なくば寺役等違亂あるべし

奉行として明後日よりの引漑許可申沙汰あるべし

（23オ）

又別紙

當年兩河水、於五師《ケ》所者、及度々雖御許可候、辰市京南方被處御無沙汰候由、堅歎申候、先規連綿事哉處、如此不預御許可之段、田地漑水時分不被成御下知者、付寺役等、必定可令違乱候、其段」別而爲御奉行、自明後日用水事、京南方慥預御許可、漑執樣早々可有申御沙汰候、此旨可然之樣可有御披露候、恐々謹言、

七月十一日　　別會所 好嚴

伊与上座御房

京南莊百姓等申狀

今月十三日より七晝夜引漑許可されたし

京南庄百性等謹言上
早任先例可下賜能登・岩井兩河用水事
右當庄領内者、依爲薄地、可旱損之条、無其隱之間、能登・岩井兩河用水を、自今月十三日七ケ日夜之間申賜候者、百性等成案堵〔安〕之思、弥可守御公事者也、粗言上如件、
寛正二年七月十二日
」

三橋莊給主福智院牪舜書狀

百姓等明日より引漑の申狀を捧ぐ

(23ウ)

仏聖申狀
能登・岩井兩河用水三橋庄第二反、自明日十三日、可下賜之由捧申狀候、可令申沙汰給哉、恐々謹言、
七月十二日　　牪舜
公文權上座御房

三橋莊百姓等申狀

明十三日卯刻より引下賜されたし

謹上　三橋庄佛粡〔餉〕百性等謹言
右能登・岩井兩河用水、來自十三日卯剋仏聖方可下賜候、

公文目代多聞院繼舜書狀
三橋荘は先規勘狀と下司成身院光宣申狀を捧ぐ
京南荘は五師等會合して舊記調査す

三橋荘勘例
他荘の競望を却け三橋荘に充給ふ
文永十一年の例

(24オ)

寛正二年七月十二日　　仏聖百性等謹上

申剋重捧此申狀、

就兩河用水事、今朝被仰出之趣、各給主方申遣之處、於仏聖者、先規等勘狀幷下司
（成身院）光宣僧都申狀等進上仕候、京南庄五師令會合、相尋舊記候、其間事」可得御意由、申
入候間、可令披露給候、恐ゝ謹言、

七月十二日　　繼舜

畑藏人殿

佛聖勘例

能登・岩井兩河用水被奇〔棄〕捐余庄競望、宛給仏聖領三橋庄事

文永十一年、三橋庄第三反、四十八町第二反、京南初反、各申入之、雖及相論、任
先例宛給三橋庄第三反下、

三橋莊下司成身院光宣申狀
三橋莊と京南莊相論時の先規寫進む
三橋莊は七堂佛聖料所により他莊を退けらる
今度他莊に充つれば七堂佛聖退轉す

(24ウ)

下司狀

就兩河用水事、三橋庄幷京南等及相論時者、宛給三橋庄先規令寫進了、如此之舊記雖分明候、依爲用水大切諸庄、相論事少ゝ雖令出來、於三橋庄者、依爲七堂仏聖、每度被退余庄了、今度宛給余庄候者、七堂仏聖忽可退轉上者、被任先例下給三橋庄候者、仏聖無爲御成敗殊可爲珎重候、」恐ゝ謹言、

七月十二日　光宣

公文目代御房

光宣申狀
三橋莊は當月上旬より佛聖米備進す
用水引漑無くば佛聖闕如せん

能登・岩井兩河用水事、被任所望狀次第、早ゝ三橋庄仏聖方下候樣、可預御下知候、則於三橋庄者、自當月上旬初、仏聖備進事候間、令用水違乱候者、仏聖定可令闕如候、其上被閣京南之初反所望、佛聖方被許可之条先規哉、被經盡理御沙汰候者可目出候、恐ゝ謹言、

七月十二日　光宣

公文目代御房

三橋荘給主福智院貯舜書狀

三橋荘と京南荘相論の先例

弘安五年建長以下の先例に任せ三橋荘第二反引漑す

貞治四年佛聖の號により三橋荘第二反引漑す

永享五年三橋荘第三反引漑す

三橋荘は佛聖料所にして水主の號あり他荘の競望に混せず

(25オ)

給主狀

就兩河用水三橋庄・京南兩庄申狀先例事被尋下候哉、弘安五年七月十九日、三橋庄第三反、四十八町第二反、京南初反申之、任建長以下度々例、被下三橋庄第三反了、貞治四年七月廿五日、」三橋庄・神殿庄・畑森新庄各第二反、四十八町・京南各初反申之、依仏聖之号、被下三橋庄了、永亨〔享〕五年七月十八日、三橋庄・畑森新庄・四十八町各第三反、京南・越田尻第二反申入之、三橋庄被下了、大方兩河用水事、於三橋庄者、依仏聖領幷水主号、不混余庄競望条、先例不可勝計候、依事繁少々注進之由、令披露給哉、恐々謹言、

七月十二日　貯舜

公文權上座御房

五師衆書狀

舊記進覽の命あるにより使者を派す

別會五師狀

兩河用水事、舊記可進覽申旨蒙仰候、則遣使者候、到來之間、幷水事無御成敗之樣、

到來まで用水の決定無きやう通知されたし

引漑無くば御忌日田荒廢すべし

經覺繼舜に五師等舊記進上後成敗する旨答ふ

春日社日次神供料所牧部領攝津六車莊堺相論訴訟の爲學侶來十七日寺中七堂閉門せんと申す

經覺別會好嚴供目代賢英を召し延引命令を集會に披露せしむる次で好嚴に公平なる用水成敗を告ぐ

十四日卯刻より三橋莊に引漑せしむ

京南莊初反と四十八町莊第二反競望す

京南莊光明皇后御忌日田たるを優じ引漑せしむ

良俊奉書

五師として兩

被觸下候者所仰候、御(光明皇后)忌日田忽可荒廢事候間、無勿躰候旨可有御披露之由、五師衆評

定候、」(25ウ)恐々謹言、

七月十二日　　　　五師衆等

伊与上座御房

返答云、五師舊記進上之後、可有成敗之由、仰公文目代了、

一同七月十二日、就攝州牧部(巻符)六車(豐島郡)之訴訟事、來十七日、寺門可閇門由申之間、先可延引由

爲仰之、別會五師好嚴・供目代賢英召之、以兩人明日可披露集會之由仰之次、好嚴此用

水事色々雖歎申候、於申狀者、凡雖難默止、至用水事者、不可有偏頗之間、於(任カ)先例可致

沙汰、不可有私曲之由仰含了、（六車莊堺押妨ヲ幕府ニ訴ヘ、興福寺中七堂以下閉門スルコト、大乘院寺社雜事記本月十七日ノ條ニ見ユ、）

同十四日、自今日卯刻、下水於仏聖了、」(26オ)

同十九日、

兩河用水事、京南庄・四十八町兩所申之、四十八町第二反也、京南初反上(光明)皇后御忌日田

其寄又異他之間、四十八町第二反ヲ閣テ、可給京南初反之由仰遣了、

能登・岩井兩河用水事、四十八町第二反与京南初反申候欤兩通之申文○上覽了、爲一身五師

荘申文を執り申すは御意に叶はず京南荘初反度度申入るにより明日より引漑せしむ

(26ウ)

西金堂満堂衆申文

二十八日の間水を西金堂観音田に下されたし

先年は能登川のみ下さる今度は両河水を下されたし

以前申文は書札禮に違ふにより書改めしむ

公文目代繼舜申文先進の東金堂羅睺羅田引漑下知せる

両庄
○執申之条不得御意候、其段尤嚴密ニ可被加問答事哉、乍去京南爲初反、及度々申入事
候間、自明日可被下遣之由候也、恐々謹言、」

七月十九日　良俊

公文目代御房

同廿五日、

西金堂諸進來、

觀音田間水事、相當來廿八日候、被仰出公文目代方下賜候者、殊可畏入候、先年能
登川一方被下候、歎存候、兩河事被下候者、殊可目出之由、可預御披露□□〔候也〕、恐惶謹
言、

七月廿五日　満堂衆等

御奉行所

以前進狀之處、書礼恐々書之、違先規之間返遣了、仍書直進之、則仰遣公文目代了、

廿七日、

明日間水事、東金堂羅護〔睺〕羅田申文先立之間、既加下知之由申之間、廿九日水ヲ可遣之由

を申すにより二十九日水引漑下知を命ず西金堂衆諸進を上し禮謝す

仰含了、仍其分下知云々、

廿八日、以諸進西金堂畏申了、

○第二十七丁白紙、

（表紙題簽）
「安位寺殿御自記　二十八」

（表紙、別筆）
「寶德四年四月朔日
要　鈔
御判」

（原表紙、自筆）
寶德四年四月朔日
〔要〕
□鈔
（花押）
（原寸縦二三・八糎、横一八・九糎）

○本冊、第三丁～第二十七丁裏ニ寶德四年四月一日～六月八日ノ日次記ヲ載ス、第三ニ收ム、

經覺私要鈔第十　節分行事

節分行事
鈎を水屋社に進む
春日社に三十講を修せしむ
春日社廻
理趣分
勤行
千巻心經
古市宮千度祓
成就院清賢參ず
如意賀丸參ず
春日社に因明講問始行

享德元十二十八日祈禱条々

(28オ)

一節分也、鈎十二連打進水屋事

一卅講於社頭可沙汰由、仰泰承(傳法院)得□□(業)事

一御間以下廻事、仰付神人兵□□□(衛四郎)事

一理趣分一巻信(眞)讀事、金剛經同、

一荒神呪千反、普賢延命呪千反、不動愛染三身合行呪千反、藥師呪千反唱之事

一心經十二巻讀之事、又心經千巻讀之事

(28ウ)

一當所(古市)宮千度仰付御子事、同宮へ進代官了、覺朝法師也、

已上、

一清賢(成就院)來、榼一双・索麵折一・白壁一合進之、能(與)小盃了、

一如意賀來、

一於社頭因明講問一座始行、講師定清、問者俊深也、

興福寺別當次第抄録
一乘院覺信

（29オ）

康和大僧正覺信（一乘院）

康和二年八月廿日任、治廿一年、保安二年五月八日入滅、五十七歳、

一乘院玄覺

中僧正玄覺（一乘院）

天治二年四月廿六日任、治五年、

複〔復〕任天承二年七月八日任、治七年、

一乘院惠信

内山本願大僧正尋範伊豆僧正惠信（一乘院）

保元ゝ年十月廿日任、治七年、

大乘院尋範

内山本願大僧正尋範（大乘院）

長寛二年六月任、治十一年、

一乘院大乘院
兼帶信圓

菩提山本願大僧正信圓（一乘院・大乘院）

治承五年正月廿九日任、治五年、

大乘院實尊

（29ウ）

後菩提山大僧正實尊（大乘院）

嘉祿二年七月三日任、

大乘院圓實

室僧正円実（大乘院）

文曆二年三月二日任、寛元〻年十二月廿九日辭退、治九年、
第二度正嘉二年十一月十七日（十月十八日）任、正元〻年十一月十七日辭退、

大乘院尊信
寶峯院大僧正尊信（大乘院）
正元〻年十一月廿一日任、文永三年四月八日□□〔辭退カ〕、
第二度建治四年正月十五日任、弘安二□〔十二月二日〕辭退、

大乘院慈信
額安寺大僧正慈信（大乘院）
弘安四年四月六日任、同十月三日辭退、
第二度弘安九年潤十二月廿五日任、正應元年五月廿三日辭、
第三度正應四年三月廿八日任、同五年正月十四日辭、
（30オ）
第四度正應六年八月四日任、
第五度正安二年十一月六日任、同三年九月四日辭、
第六度元亨三年五月八日任、同八月八日辭、

大乘院尋覺
後內山大僧正尋覺（大乘院）
嘉元二年十二月廿九日任、同四年四月廿四日辭、

大乗院覚尊

第二度徳治三年十月六(×十)日任、延慶三年三□〔月〕□□〔辞〕、

第三度正和四年二月十一日任、

五大院大僧正覚尊(大乗院)

元亨元年十一月六日任、

第二度嘉广(暦)四年三月廿六日任、元徳元年七月辞、但□□許還着、

大乗院孝覚

己心寺大僧正孝覚(大乗院)

康永二年八月五日任、同十一月辞、但依勅定厳密、十二月五日還補之、

第二度貞和三年十月廿四日任、

第三度广(應)安元年三月任、

大乗院孝尋

(30ウ)

後己心寺大僧正孝尋(大乗院)

康應二年〔三月〕――任、

第二度應永元年十二月任、

大乗院孝圓

後寳峯院大僧正孝円(大乗院)

應永九年四月四日任、同十二年辞、

前大僧正經覺（大乘院）
應永卅三年二月七日任、治三年、
複〔復〕任永亨〔享〕三年八月廿一日任、治五年、
第三度寛正二年二月廿二日、治三年、
前大僧正尋尊（大乘院）
康正二年二月十七日任、
○第三十一丁～第三十三丁習書、第三十四丁白紙、

大乘院經覺

大乘院尋尊

「（表紙題簽）
安位寺殿御自記　二十九（三十）」

「（表紙、別筆）
亨〔享〕徳三甲戌年十二月廿日ゟ維摩會始行
年正月　御齒固之事
年十二月　政覺御入室之事
安位寺殿經丨〔覺〕御記

大乗院」

○原表紙ナシ、
○本冊、第二丁〜第十丁ニ享徳三年十二月十五日〜二十九日ノ日次記、第十七丁〜第二十三丁ニ寶徳三年九月十日〜二十三日ノ日次記ヲ載ス、第三・第二ニ收ム、

正月行事

□□〔正〕月 (12オ)

□□升〔合〕盛御析 御菜三種　唐醬　薄叩　烏芋以下物　御汁　莖立　芹燒

御役兒當色、役送近習者小衣、

小御料

小御析於公所面々祝着在之、

炭　一炭取被出之、餅酒者沙汰人出之、

齒固

御齒固圓鏡一面、上ニ大根・橘在之、四種肴折敷ニ居之、大豆　柿　栢　柘榴

折敷之繪柘含ル鷄在之、御後見進之、

白散樻京都本道進之、 (12ウ)

不然之時被召之、又寺門醫師進之、

有限所役歟、御役院別當在之時、

必隨役、不然時良家・僧綱・成業

懃之、近來多者兒懃仕之、僧綱

等付衣・五帖、院別當鈍色或奴袴、
或表袴、兒ハ直垂・大口、役送
侍等身衣・奴袴、
節供四種肴エンチヤウ　ハカタメ　シニハサウヒキ　コノユリタル□
衝重居之、鷺餅在此御衝重、
□〔御〕□〔菓カ〕子赤餅　白餅　柿　甘〔柑〕子　油物□　平東　野老　奥米　衝□〔重カ〕
□□〔月カ〕在折敷、居衝重進之、
□進之、手長・役送等□
進之、先山形○御衝重前ニ三、御前ニ□
在之、高供御居之、高供御五升盛、上北面沙汰之、於
□〔山〕形ハ院仕□〔所カ〕役也、大合八種衝重居之、
□〔御カ〕汁二折敷居之、院仕沙汰、　次
皆〔赤〕御飯六合盛、上番沙汰、　御菜十種、御
汁二供御所沙汰、

此時御湯菓子進之、御後見役也、
侍儀先八種御菓子面々祝着之、以
御盃一獻在之、次節供、近來
交菓子也、又一獻、酒肴定出之、○次行膳、六合盛、
菜五種、汁一、院仕沙汰、山葵
酒□御後見出之、○院仕出之被下行□

（13ウ）

春分見參

春分見參書之、
□行節供輩、公所兒・○僧綱良家・以下并御房中舊老・僧綱成業
侍房官侍、但在院別當時、必着横座、無横
座者、着奥座一﨟先例也、不見年戒上首者也、
或記云、於御盃者、讓上首事在之、
是清實(福智院)法眼庭訓也、可在人々所存歟、
北面上下・大童子・知院中綱・木津御問

節供

（14オ）

□御童子・下部等也、御童子
□斮也、
□節供事在之（×在之）、役人中童子▨
□兒・良家・僧綱、盃酌役人□等身衣・指貫、
□者、先規非一▨歟、
□装束也、
□之付衣歟、通□
□
□於障子上行節供時者、盃酌役
□云々、
□良家探題已上仁於御前行節供
□代已（×以）來在之、盃酌手長房官
□仕公私兼行連綿事也云々、

○以下六行分空白、第十四丁裏・第十五丁白紙、

寛正三年十二月八日政覺大乘院入室

（16オ）

□〔寛正三年〕十二月、二条前關白（持通）御息（政覺）
□〔室町殿カ〕御猶子大乘院門跡可有入室、
□
行列次第
□条〻
□御後前駈可供奉事、
□童子可爲狩衣・衣袴事、
□三人縁舜法眼・玄深權寺主・
□〔侍カ〕慶弘、各等身衣・指貫、
大童子一人、狩衣、中間二人、直垂、力者
二人、唐笠・柄長杓可持事、
前駈日本鞍・連著□畋事、

（16ウ）

路次事、自京都至□〔藤森社〕式裝、自其
至木津（山城相樂郡）爲行、自木津至南都式裝也、

□事、古市（春藤丸）、楊本（範満）

□〔日中カ〕御後見（成就院清賢）沙汰也、

□膳

□罷上了、

□狩衣・大口也、

（表紙題簽）
「安位寺殿御自記　三十一」

（表紙、別筆）
「要　鈔
經覺」

（原表紙、自筆）
要　鈔

（原寸縦二七・七糎、横二一・九糎）

○本冊、第一丁～第九丁ニ享德二年十一月二十日～十二月二十日ノ日次記ヲ載ス、第二二収ム、

應仁二年六月
淋汗
古市胤榮一族
幷經覺昵近者
焚く

（13ウ）

應仁二年六月林〔淋汗〕間事

二日　四日古市〔胤榮〕、　六日房主〔寂榮〕、　八日兵庫〔長田家則〕、　十日畑〔經胤〕、　□□〔十二〕日　十四日井上〔玄專〕、
十六日室〔重榮〕、　十八日古市、　廿日□□、　廿二日楠葉〔西忍〕、　廿四日古市、　廿六日　　廿八日心落、
晦日□□、

畠山氏内紛
享徳三年
譽田彌六畠山被官等義夏は持國の實子に非ずとし廢嫡の內談せるを義夏に內報し父祖の說勘により切腹す
義夏首謀者神保越中守の嫡子二郎左衞門を切腹せしめ軍勢を神保邸に派し燒打ち神保一族幷被官人を討つ
越中守は負傷脱走せるも近傍寺院に死す

（14オ）

畠山亂逆事

享徳三年四月三日酉下剋、譽田弥六切腹畢、十九歳云々、子細者、畠山徳本〔持國〕禪門子息伊与守義夏〔義就〕非禪門實子之由、內者共令內談之由、□〔彼カ〕弥六令告知伊与守畢、仍譽田下總守弥六父、・同遠江〔全寶〕入道弥六祖父、令說勘之間切腹了、如此之間、神保〔越中守〕張行之条、伊与守令存知、神保嫡子二郎左衛門召屋形、令切腹了、至神保者、指向軍勢數剋□□〔防カ〕之、雖然終屋形ニ懸火了、當座ニ神□〔保〕□三人、內者五六人被打了、於本人者落之由□〔雖カ〕有其聞、於近邊導〔道〕場令逝去云々、負手故也、則其夜落□〔者カ〕在之、同心衆欤、
「梅岡・芝山・三宅以下數輩、」

○第十四丁裏・第十五丁表白紙、

享德三年維摩會（15ウ）

享德三年講師權少僧都尋尊(大乘院)
自十二月十八〔二十〕日始行
研學俊深、兼雅、(松林院)
探題専他一乘院僧正教ー(玄)

會參
政所(一乘院教玄)　權政所權僧正光憲、(修南院)
乘俊律師(竹林院)　兼圓律師(東院)
會行事威儀師繼舜、(多聞院)注記乘寛、從儀師寛貞、(高天)

○第十六丁表白紙、

現存日記帖數（16ウ）

□事
文安五帖　寶德七帖
享德七〔六〕帖　康正五帖

（17オ）

十二
長祿七帖　寛正十六帖

文正二帖　應仁

享徳三年講師少僧都尋尊専寺、法相宗、

十二月自十八〔二十〕日始行

研學俊深、兼雅、（松林院）

東
探題一乘院専他兼帯

會參

別當教玄、一乘院、　權官（光憲）光政法印、（修南院）

探題乘俊律師（竹林院）　兼円律師（東院）

已上

會行事

威儀師繼舜（多聞院）　注記乘寛　從儀師寛貞（高天）

○第十七丁裏習書、第十八丁・第十九丁白紙、

（表紙題簽）
「安位寺殿御自記　三十三　」

（原表紙、自筆）
康正二秊歳次子四月朔日
要　鈔
（經覺）
（花押）
（原寸縦二八・四糎、横二二・七糎）

○本冊、第二丁〜第十四丁表ニ康正二年四月朔日〜二十五日ノ日次記ヲ載ス、第三ニ收ム、

朝倉孝景充
畑經胤奉書案

（15オ）
（越前河口莊）細呂宜鄉堀江民部無沙汰事、懇依被申、自御屋形（斯波義廉）様嚴密御成敗之条、云外聞云実儀、

經覺孝景の上申により斯波義廉の成敗あり堀江民部丞細呂宜郷下方年貢納入領狀するを上洛して禮謝する意向なり
民部丞楠葉元次には渡さずと申すにより甲斐常治在世時の越前下向使者木阿を差遣す
孝景の懇志謝し難し

(15ウ)

御祝着無比類、以紙面難被仰盡間、いか樣以御上洛、御礼等可被被(衍)仰候、就其取次事、楠葉(元次)ニハ不可渡之由申条、難得意樣候、無不法等儀事上者、依何事申子細哉、然而被下別人、先可有御收納之由、被申御意見之間、被下木阿候、此者事、甲斐方濃州(甲斐常治)時、度々懃御使者之間、堀江民部も可存知候、尚々私懇志之▨者、更以難被射〔謝〕仰出事候由也、恐々謹言、

(應仁二年)五月廿日　(畑)經胤

」

畑經胤奉書案
木阿は常治在世時度々使者を勤むる堀江民部丞の知己なり

細呂宜郷事、自御屋形嚴密依御成敗、堀江民部丞年貢可致沙汰之由申候条、返々御祝着候、就其此御年貢楠葉ニ不可渡由申之間、左樣候ハヽ、被下木阿候、此者事、故濃州時度々懃御使候、殊堀江民部存知者候、〇兩年御年貢・御服已下慥付此使候樣ニ、重甲斐方一(悉)行召給候て可下候、巨細猶此使楠葉可申候由所候也、恐々謹言、

(應仁二年)五月廿日　經胤

朝倉彈正左衞門尉殿(孝景)

（表紙題簽）
「安位寺殿御自記　三十五」

（表紙、別筆）
「康正三年八月朔日

要　鈔」

（原表紙、自筆）
康正三年八月朔□〔日〕
奥八景□
依年知吉生借物事

要　鈔

（原寸縦二六・二糎、横二二・三糎）

○原表紙、左下部分破損ス、

○本冊、第二丁〜第三十一丁ニ康正三年八月朔日〜十月三日ノ日次記ヲ載ス、第三二収ム、

生生借物事佛説　(32ウ)

壽生王經説曰讀誦金剛經各々償宿讀

子歳人一万三十貫文金剛經五卷、　丑々人廿八万貫文九十四卷、
寅歳人八万貫文廿七卷、　卯歳人五万貫文廿七卷、
辰々人五万貫文十七卷、　巳々人十二万貫文廿四卷、
午々人廿六万貫文八十七卷、　未々人十一万貫文三十四卷、
申々人四万貫文十四卷、　酉々人五万貫文十七卷、
戌々人二万貫文七卷、　亥々人九千貫文三卷、

生々借物上件金剛經讀之可償之佛説也云々、

○第三十三丁白紙、

「（表紙題簽）安位寺殿御自記　三十九」

「（表紙、別筆）長祿二年

經覺御筆
諷誦文案

大乘院」

○原表紙ナシ、

（1オ）

「諷誦」

（2オ）

○第一丁裏白紙、

訓論供養諷誦文草案

八月朔日より訓論始行百箇日讀誦

訓論の規格

東院圓曉二十五年忌供養諷誦文草案

（2ウ）

敬白

請諷誦事

三寶衆僧御布施

右志趣者、滿寺三千大衆等、爲祈寺社安全魔障遠離、自去仲秋百筒〔箇〕日之間、爲拾讀唯識十軸之玄文、令訓釋一字含千之渕源、讀師者、（永秀・光胤・定清）各吾寺之重器、別又學山之靑木也、隨而述義理之庭、開詞林之花、施句於七大諸寺、動智弁之莚、吐惠海之」玉、被光於一會丁衆、是以大權和光之靈神者、弥廻中宗擁護之眸、輝龍燭於万年、寺社敬信之老若、先增誇壽福久保之樂、退梟惡於千載歲、宜哉近有明德之先例、雖隔六十○〔余〕年之寒暑、名聲于今殘法性之月、今長祿之再興者、雖爲末代澆薄之時節、其潤定可置後學之露者欤、〔加之就中〕然則當〔日〕一會齋會、刷供養之嚴儀、鳴三ケ之梵鐘、驚〔尊〕神明之高聽、此故宜哉佛法之余薰滿天下、速致乾坤泰平、訓論之○〔規〕格留當寺、遙及星○以下書サズ、」

（3オ）

當䟽竪精義

演說二明之祕決、吐王論場之莚

加之

蒙（×禁）・鳳闕之喚請之日者

（×▒）・撰自宗他宗注記

預武門之綱牒之時者

被副使○度〻二人問者　公請勞積秀等倫

昔雖○有得義龍律市之大量名　寺門學道無所殘

勘者勞積未無及此勞積者欤、

是以

六宗官長

天寵惟儼　掌六宗官長之機務

地量相諧　備事滿寺學徒之門首

匪啻直汲東漸法水　剩窺観南印之眞祕

是故

（3ウ）

兩門の師範

功成名辭　稱兩門（一乘院・大乘院）師範

學秀人翫　爲滿寺舟檝（備寶器）

雖然
有待無常者　人間所定也
誰得遁此哉
故
七旬夏過　病霧無霽
一運秋極　食葉忽落
嗚呼
悲哉　哀哉
倩
聞麟德之春恨　三千門徒悉仰天
（4ウ）
宿ゝ來際矣、仍諷誦所修如件、
長祿二年十一月日

唯識論供養諷誦文草案

敬白

請―

三寶―

右志趣者、滿寺大衆爲謝寺社靜謐魔障鎭退之冥助、七ケ日間抽成唯識論千部讀誦之懇篤、遂使刷供養之道儀、鳴三磬(〻ケ)之清韵、奉驚五所之高聽、仍諷誦所修如件、

―

東院圓曉二十五年忌供養諷誦文草案

(4ウ)

捧講經論讀之惠業
講法花唯識之御文　祈尊靈出離之登果

伏惟

過去前(東院圓曉)僧正法印大咊尚位者

離露棘全章之栖

捨風煙青草之思

故

書夜不退之學
携慈氏之教文　專靈雪鑽仰之業

答吾神之加被　恣寺役先途之交衆

二十五年忌

（5オ）

先

若年之初登觀菩講席〔×莚〕・

被令鑽仰《露》之拔群　散花講莚《大堂》之庭

思永亭〔享〕《（永享五年七月十四日寂）》之秋〔愁カ〕悲　一寺老若皆伏地

古今之思誠《愁緒》可比者哉　吾宗之積德爭《賢哲何》思他哉

就中

事去時移《遺迎》廿五年《忌辰》《秋》　夏《春》往夏來　哀嗟《傷者》未《無》忘時

依之

講《所講》法花者抽《拾讀》廿八品之肝要《書文》《要》　示尊儀実路《出離之》　是皆

唯識文《所讀〔×者〕》抽一十軸之肝要　授開悟《示讀其義理》《演其奥旨》得脱之方規〔×▒〕・

方今爰好某

含講匠之恩喚　以辭雖可本《惡羊之微質》　尤可固辭者哉

然而

受眞俗之慈悲　深《欲》酬其報謝

一字千金之恩波　甚以深重也　深欲酬其報謝《依》

此故

愁不默止其倩　雖○《似忘》有深應嚴命

敬白詞短　哀愍納受

觀夫

寒蟬聲恨《高》　副梵唄之闇

暗蠶初鳴　學法音之新

道儀自然　冥感豈空

任功歸本故

信心大施主

惠學功戒定德　共件万歲之壽域

大椿影貞松花　同挑一宗之法燈

乃至法界平等利益

（5ウ）

供目代宗聚の請により訓論供養諷誦文案を書與ふ

（6オ）

長祿二年自八月一日訓論在之、十一月十二日有供養諷誦事、供目代宗聚難去申間書遣之、

敬白

請諷誦事

三寶
　　――――――

右志趣者、滿寺三千大衆等、爲祈寺社安全魔障遠離、自去仲秋百筒〔箇〕日之間、爲拾讀唯識十軸之玄文、令訓讀一字含千之渕源、讀師則吾寺之重器、悉學山之青木也、依之述義理之」庭、開詞林之花、施句於七大諸寺、載智弁之莚、吐惠海之玉、被光於一會丁衆、是以大權㫚光之靈神者、弥廻中宗擁護之眸、輝龍燭於万年、寺社所屬之眞俗、增誇壽福久保之樂、拂梟惡於千歲、近有明德之先例、雖隔六十余年之寒暑、名聲于今殘法性月、今長祿再興者、雖爲末代澆薄之時節、其譽定不可劣先跡者歟、然則佛法之余薰速致乾坤之泰平、訓論之格式遙及星宿之來際矣、仍諷誦所修如件、」

（6ウ）

長祿二年十一月　日　　供目代宗聚」

訓論供養諷誦文案

（7オ）

○第七丁裏白紙、

（表紙題簽）
「安位寺殿御自記　四十五〔四十六〕卷」

（表紙、別筆）
「寛正二年三月
要記　安位寺殿御筆」

○原表紙ナシ、
○本册、第二丁～第六十六丁表ニ寛正二年三月二十三日～六月二十一日ノ日次記ヲ載ス、第五ニ收ム、
○第六十七丁表習書、

畑經胤奉書案
佛聖荘神殿荘第二反と京南荘初反申狀披露す
文和二年神殿第二反と京南初反申請は神殿に下し應安四年佛聖神殿第三反と京南初反申請は佛聖に下す先規あり

（67ウ）

能登・岩井兩河用水事、仏聖・神殿第二反、京南庄初反各申狀令披露了、仍被御覽先規之處、文和二年七月神殿庄第二反与京南初反伺申之間、被下神殿第二反了、又曆應四年七月十六日京南第二反申之、神殿第三反申之、（脫アルカ）又應安四年仏聖・神殿第三反与京南初反兩方申之間、京南初反令閣之、給仏聖第三反了、先規旣如此上、（×上者）神殿爲水主令

神殿は兩河水主たるにより神殿第二反取水を許可さる

(68オ)

自専兩河上者、可給神殿第二反之由、被仰下候也、恐〻謹言、

（寛正二年）七月八日　（畑）經胤

（多聞院繼舜）公文目代御房

」

良俊奉書草案　南都七郷内不開御門郷内今辻子人夫役　今辻子に公事人足無きに四人戸禰と號す　一人は刀禰と爲すも他者は認めず　他の在所も同様なり　一人以外は刀禰と認めず

(68ウ)

就〇（七郷之内）今辻子（不開御門郷）戸祢人夫役事、順實五師（東大寺安樂坊）（少輔五師順實）申入之趣被聞食了、七郷者共近來以其盡非分號所、欲遁所役之間、御糺明時分候、仍今辻子一向無人足間（處）、既及四人号广（戸）祢、希代事間、一人者任多分之儀可爲戸祢候、於殘分者爲非分之号之間可被落候、隨而自余在所左様所、近日嚴密御下知候、則此狀にも自余在所悉被落候ハんする」ハと申入候（〆此）間、是又盡理申狀候、仍一人外可爲人夫役由可被申遣旨不可有号祢号由（戸〆所）、可被申遣旨所候也、恐〻謹言、

（寛正二年）七月十日　良俊經胤

（多聞院繼舜）伊与權上座御房

」

良俊奉書草案　書き止し

(69オ)

就上三条（不開御門郷）住人源八男事、鹿薗院殿（足利義滿）御代被閣幸德男了、仍爲其子孫之間、不可懃士公事之由歎申旨、衆中狀被御覽了、鹿薗院殿依爲職人之上手一段御物等致沙汰事者、不可

職人物品を納むるは檜物師に限らず

良俊奉書案
衆中書狀を呈し上三條住人源八御物納入士公事免除の幸德子孫として士公事免除を請ふを上申す

經覺子孫永代諸役免除の支證あらば免除し支證なくば譴責すべき旨返答せしむ

(69ウ)

限檜物師候、所詮自京都被免永代被閣公事支證候者、不及是非候、無其儀者、依職人御物等致沙汰事ハ、古今不可限檜物師間、且〔自余〕可爲傍例之間、堅可被加下知之由、○以下書サズ、」

就上三条住源八男人夫役事、鹿薗院殿御時、幸德男令沙汰御物之間、依爲其子孫、不可致士公事之由、衆中狀被御覽了、於職人之上手者、皆以御物等致沙汰条、不可限幸德事候歟、〔而〕所詮彼子孫永代諸役皆免之由申入上者、定御下知支證候哉、被召出被御覽後可被閣候、不然者、以如此由遁所役者、不可有盡期之間、堅可被責伏之由、可令返答給旨候也、恐々謹言、

（寛正二年）
七月十日　　良俊

○第七十丁白紙、

（表紙題簽）
「安位寺殿御自記　五十三」

（原表紙、自筆）
寛正三年壬午十一月　日
維摩會記別當方

（原寸縦二七・〇糎、横一九・八糎）

維摩會講師
勅使

（1オ）
當年講師權律師光淳法相宗、西南院、
勅使左大弁藤原經茂勸修寺御妻云々、

專寺探題
他寺探題
會始
一床會參
大供始行
大供次第
供目代長深
奉行繼舜
寺務經覺出仕
講師賢英
問者實心

探題專寺予六十九歲〔八〕老躰至極之間、依長座難義、(×▒)臨期相誂孝祐僧都了、
他寺權少僧都孝祐(×北)東門院、三十二歲、
會初權少僧都專尋未遂講、蒙准講宣懃仕之、
一床會參權少僧都泰承七十歲、傳法院、」
○第一丁裏白紙、」

（2オ）

寛正三秊壬午十一月
七日、戊戌、霽、
今夜大供可始行之由、仰供目代長深堯性房、
八日、己亥、霽、
卯下尅出仕懃之由、供目代長深起座、以奉行人繼舜(多聞院)權上座申案內、則出仕、
余裝束鈍色・モ・表袴・平ケサ、半裝束念殊・檜扇・下韈、　諸僧平伏、」

（2ウ）

講師賢英得業、鈍色・甲ケサ、　問者実心得業、事終講師下高座退出休所後歸座、次丁粁分配之後、

小學頭補任狀繼ぎ目裏に加判す

維摩會他寺探題違亂により今月に延引す

初夜研學豎者賢英出世奉行松林院兼雅名籍義名論義題

經覺風病療治により對面せず

古市に帰る

賢英寺解文を禪定院に持參尋尊自筆にて經覺名字を書す

供目代長深立座申判、役人兩人相隨之、則加判、僧綱・已講悉供目代取之、成業ハ末役人取署之、

次下文引之、於寺務下文〔者脱カ〕居折敷、供目代進之、役人相隨、至僧綱・已講〔者脱カ〕供目代引之、成業者役

（3オ）人引之、」事終予入內、諸僧平伏、諸僧退出、其後以奉行人繼舜繼目ノ判ヲ申、則加判了、

僧綱・擬講・得業以下合二十五人出仕了、

維摩會事

依探題違乱會式令延引今月畢、

同八日、己亥、」

（3ウ）一初夜研學賢英得業付義名、法服・平ケサ、從僧・大童子以下召具之、出世奉行〔松林院〕兼雅僧都於障子上緣依造作障子上并公文指合故也、〔所脱カ〕令對面執進之、先

渡名籍於奉行、兩門跡時者出〔×於〕世奉行也、・次進義名、次進論義題、兩度ニ進者也、

返答云、爲會式出仕、令療治風病之間、無對面之由仰了、殿上席等無之間、無對面所故也、

一明後日可移寺中之間、依用事多歸古市了、」

（4オ）九日、庚子、霽、

持參寺解文於禪定院之間、僧正〔尋尊〕以自筆通被書名字被遣云々、後被相語畢、

十日、辛丑、天霽、

經覺禪定院に赴く
勅使勸修寺經茂に會ふ爲禪定院より寺內東室に移る
社參は取止む
會所目代二條兼乘勅使坊莚等未進するにより催促し具備せしむ
闕請出仕
行列次第
從僧二人
綱所三人
東室より講堂に至る路次次第
勅使坊門前下輿
道具箱等取忘れ時刻延引す
從僧兩人西沓脱より上り道具を置く
經覺南沓脱より上りて著座
勅使先に著座

巳剋出禪定院了、」
（4ウ）一勅使（勸修寺經茂）自昨日下向之間、爲急會力者以下召集禪定院、乘張輿予內〻着藝〔褻〕衣了、移東室、雖可社參、可
遲引之間、無其儀者也、力者着衣袴、御童子狩衣也、
一以繼舜勅使坊樣ヲ見遣處、會所目代（二條兼乘）莚以下無沙汰之間、只今加問答、勅使坊儀具候者可
（5オ）申入之由返答也、不可說〻〻、」仍方〻責仰之處、綱掌未下向之由鎰取申之、是又希代
事也、終申下剋事具之由馳申之間、爲補闕請則出仕、先御前ノ中綱六人、法服・白裳、狩袴・赤ケサ、上二人青（×赤）、次予、裝束（マヽ）如例、次從僧二人、清賢法橋（成就院）、寛深寺主（×孝承）、各法服・表袴・五帖、中間二人・大童子一人・力者一人具之、綱所三人扈從、寛貞（高天）威儀師・孝乘（北小路）從儀師・注記奘舜（福智院）、」（5ウ）左綱所三人、右從僧二人、次大童子二人春松香狩衣允、帶劍、長松薄紅梅狩衣、各下括、次御
童子・力者等也、唐笠持之、手輿也、
路次事、自東室西（×南）行、切芝ヲ北（×西）行、修南院前ヲ東行、北戒壇院前ヲ北行、至勅使坊門前
（6オ）橋外下輿、寛深獻沓、則入門相待導具（道、下同ジ）處、取落」者也、時分事外延之間、清賢來可置導
具歟之由申間、勿論之由返答、少時後持來間、清賢草座、寛深居箱、入三衣、西ノ沓木ヲ
上テ入、布障子南ノ疊東置之、從僧退歸時分、予南沓木ヲ上テ、入布障子着座、任先例不着草鞋、勅使ハ寺
（6ウ）務着座之後、廻自北（×西）可着座歟之處、先着座、有家說歟如何、」次三口綱所着草鞋、縁限マテ、薄緣着座之時、

勅使文書を注記に渡す
經覺立座
勅使と禮節
門外乘輿
東室に歸る
綱所と從僧の座位置
福智院隆舜經覺第二度寺務時は綱所左と申す
專寺探題方竪者幷問者夢見の爲參ず
出世奉行松林院兼雅夢狀を下付す
今日一獻役修理目代成身院光宣色代錢二貫文を進む
初夜研學竪義賢英遂ぐ
他寺探題東門院孝祐に專寺探題出仕を委託し短尺箱を與ふ
十貫文を與へ諸下行物は經覺下行す
嘉祿三年專寺探題大乘院實尊急病により一乘院實信に勤仕を委託す

予可移紫之由令氣色時參着、則勅使渡文書於注記給之歸座、次召維那又文書歟不分明取之退、又召注記、〻〻參了、歸座後退出、予同立座、從僧等見之出導〔道、下同ジ〕具、則獻沓、於沓木也、

（7オ）

于時勅使下向テ礼節、予立向還礼、於」門外（又下）乘輿、綱所等爲會留門外、仍從僧左右ニ隨從了、經本路歸東室了、

一綱所威儀事、從僧与左右之樣不審之處、上座法眼隆舜（福智院）申云、綱所者可爲左、則永亨〔享、下同ジ〕六季如此云〻、永亨六年愚老第二度事也、

（7ウ）

一專寺探題竪・問共、爲見夢來云〻、」則出世奉行兼雅僧都付衣、五帖、賜夢狀畢、竪・問共皆付衣云〻、先〻鈍色・或法服等也、當時如此歟、

一今日一獻修理目代光宣（成身院）僧都也、然內〻以色代進度〻篇〻取乱之由、以尊藤（竹內）歎申間、不可有子細由仰了、貳百疋進云〻、」

（8オ）

十一日、壬寅、旦天曇、夕雨、

今日研學竪義也、賢英得業円覺房、遂之、專寺探題愚老也、然而臨期孝祐僧都可出仕之由誂○仰遣了、仍短尺箱短尺ヲハ褁テ副遣之、以上北面付衣、持之、於箱者座法師着直垂持之、何も今案也、且禪定院僧正計賜故也、此次第等兼

（8ウ）

仰含了、遣訪於千疋、其外御前中綱以下下行物、自是沙汰了、嘉祿（三年）年中後井山（大乘院實尊）依頓病被誂一乘院実信」僧正儀如此、其ハ

今日一獻御後見成就院清賢調進

勅使勸修寺經茂と對面

聽衆喜多院領滿願寺莊所役本院威儀供幷講坊三本立未進を訴ふ

知行者筒井大東昭覺に未進分糺明を命ず

同多田院快弘は既濟を申立つ

之を奉行多聞院繼舜をして聽衆に通知せしむ

講師西南院光淳一獻を進む

狀を副ふ

經覺返書す

今日別當坊一獻河口莊給主松林院兼雅調進

書狀を副へ勅使に送る

臨期儀也、是兼日仰合畢、聊可相替歟、但於外様儀者不可相替歟、

一今日一獻御後見清賢法橋調進之、

菓子一合・肴一合・毛立二雑〻・チマキ、・索麵一積・酢菜五種花足、・筒一也、

（9オ）

一勅使來、直垂也、予着付衣、五帖、對面了、□(以)清賢法橋付衣、先尋聞後對面了、

一本院威儀供幷講坊三本立事、北院領滿願寺(添下郡)所役也、及丁衆訴訟之間、舜定(順永)筒井兄(筒井大東昭覺)、・行宗(快弘)修學者、多(田)聞院、兩人加問答之處、於舜定者、以代官懇申之間、未進分事、可致糺明之由仰之、至行宗者、依大會有無致沙汰候、當年事、既致沙汰之由申之間、此子細可仰丁衆旨、仰付繼舜權上座了、」

（9ウ）

十二日、癸卯、天晴、

自講師坊賜一獻、甚結構也、悉施畫圖椿松、置薄、菓子一合六尺計、・肴二合此内青肴一、・毛立五(六)犬鼻・茅卷・篠結・山芋・韮壁・アメ桶一、・麵有汁桶、・酢菜十種・筒一、近比見事、隨分本走(奔)也、當講(西南院光淳)直以狀申之、愚老又遣直返事了、」

（10オ）

一今日別當坊一獻河口庄(越前坂井郡)給主松林院兼雅僧都也、菓子一合・肴一合・毛立二・麵一積・酢菜五種・筒一・汁桶一、直以書狀遣　勅使了、爲悅之由有返報、

食堂前庭に延年舞假屋設置
明夜庭上延年舞
第二夜研學竪者無きに依り寺分竪者寛尊竪義を遂ぐ
東北院俊圓寺務時第二夜竪者なく竪義空くは經覺の意に背くと寺分竪義を引上ぐ
精義孝祐
講師坊等三箇所に內延年舞あり
頭人鷹山奥頼弘幷慈恩寺某
賢英酒饌を進む
東大寺第四夜竪者英豪調鉢色代錢を進む
㸃調を上進せざる子細を問ふに任英に就き申入ると答ふにより容認す
請取狀

一自今日延年假屋打之、食堂前東頰九間ニ打之、明(又今)夜庭延年也、

(10ウ)
一今日第二夜研學無之間、時分(寺)竪義ヲ引」上了、寛尊(大轉經院)得業陽春房也、東北院俊圓僧正(嘉吉二年)寺務之時、研學ニマキレ可侍之由仰之間、其夜ハアキ了、第二夜竪者無之故也、此条不叶愚意之間、先例雖不分明、今度者可引上之由仰注記了、探題孝祐僧都精義、

(11オ)
一今夜講坊・興西院・東北院於三□(方カ)」有內延年、
鷹山奥(賴弘)　慈恩寺

一賢英得業兩瓶・白壁二合・索麪一折・蜜柑一折賜之、仰賞翫之由了、

十三日、甲辰、霽、

一東大寺第四夜竪者(英豪)調鉢代貳貫五百進之間、仰云、以㸃調可進歟之處、以色代進条如何樣子細哉之由問答之畢、使申云、以鏡賢房(任英)申入了、仍以色代進之云々、重問答相似所欲之間、可遣請取之由仰付了、」

(11ウ)
請取　第四夜竪者調鉢代事

合紙一積 上積十五帖 下積卅五束 結緒帶二筋

右寺家御分所請取如件、

寺分竪者寛尊捧物代錢を進む
今日別當坊一獻一切經納所英算調進す
經覺之を尋尊に送る
庭上延年舞
一乘院教玄上北面某をして大乘院勾當實盛に就き今夜延年舞見物場所の指南を請はしむ
經覺大乘院門跡には講師坊假屋にて出世者兩人のみ隨へ見物すると申傳ふにより先年出世者兩人中童子一人のみ隨へ見物し他の供は假屋に入れずと返答す
第五夜竪者東大寺賢祐捧物代錢を進む
泰承に就き代錢納を嘆願す

寛正三年十一月　日　　勾當實盛

杉原二枚重書之、一枚ニテ立文畢、

一寺分竪者(寛尊)捧物代同貳百五十疋進了、如東大寺遣請文(取)了、

一今日雜掌一切經納所英筭(明王院)僧都調進之、菓子一合・肴一合・毛立二・索麵一積有汁桶、・肴〻酢菜三種花足、・筒一遣禪定院了、」

(12オ)

一今夜庭延年也、於食堂前在之、

一戌剋自一乘院内〻(教玄)以上北面傳勾當實盛被申云、今夜延年見物志候、於何所可見物哉、可預指南云〻、其門跡御見物在所事者、慥不存知候、於當門跡不謂自他門(者脫カ)於講師坊假屋見物之由申傳候、仍先年愚老見物時、於講師坊假屋令見物了、出世一兩之外不召具之由申習(〻了)之間、孝俊僧正(東北院・佛地院)・守能法印(禪光院)兩人、中童子一人召具候き、自余出世・房官・侍等候しかとも、不入假屋候き、其間事可在御計欤之由返答了、立歸悅存之由被申送了、(教玄、兒二人・中童子一人隨へ、講師坊假屋ニ延年舞ヲ見物スルコト、大乘院寺社雜事記本日ノ條ニ見ユ、)」

(12ウ)

十四日、甲辰、霽、

第五夜竪者(賢祐)捧物三百疋進之、以泰承(傳法院)得業(僧都)内〻歎申故也、則如以前遣請取了、送文如先〻、

朝座と夕座の間に侍役人慶有別當坊非時供を觸る

今日一獻通目代奘舜色代錢にて上進す

奉行繼舜計らひに依り百疋に優恕するも後例と爲すべからず

南都傳奏日野勝光春日社參詣

社頭退出時分經覺出行し勝光と對面下向を慶賀す

還向の時勝光庭中に下り禮節し經覺還禮す

東北院俊圓來り庭中禮節し經覺色代す

小風流延年舞

勝光講師坊假屋にて延年舞見物するに大衆先規無しと放言す

諸訴訟を裁定す

一今日朝座与夕座間、非時供觸在之、侍役人慶有寺主（鈍色・モ・ケサ・指貫、）中間二人具之、
一今日一獻通目代奘舜進之、色々雖歎申、無其謂之間責伏了、但以色代百疋分進之、爲色
（13オ）
代上者、多少事堅可仰之条、相似□□間、奉行繼舜以意得分、以百疋可閣之由□加優
如〔恕〕之条、不可爲後例、
一申剋爲社參傳奏日野大納言勝光卿下向、自東北院着衣冠、乘手輿社參云々、自社頭退出
時分、予（求袋・香五帖、）乘張輿罷向了、別而申通故也、房官一人孝承寺主（十輪院）（等身衣、）力者等皆直垂也、
則對面、下向珎重之由仰了、還向之時、下庭中礼節、立向還礼、其後俊圓僧正（少衣、）來庭
中申礼之間色代了、榼三荷（白壁二合、蜜柑一折、）遣折紙了、
一今夜小風流延年也、
（13ウ）
抑今夜日野大納言（狩衣云々、）於講坊假屋見物、大衆無先規之由散々放言云々、以外次第也、不知案
內事歟、
一有訴訟共、如形成敗了、
○七行分空白、
（14オ）
十五日、乙丑、霽、

會堂侍會堂日供初日のみ配分し第二日以後は配分せずと申すに依り講師坊第八室料理役寛貞并孝乘料理不勤仕を申す
堂童子に諮問するに一夜限り支配を申すも兩人故二條良乘記錄に據り云ふ事あり
經覺下行物抑留を命じ兩人には會出仕を命ず
尋尊禮參し經覺饗す
當講別當坊拜講師光淳參ず
申次坊官清賢別當經覺出對
嘆德詞あり
講師退出
嘆德詞
經覺會出仕
行列次第

就八室(講師坊)料理躰、會堂佛供(日供)之內、初日分(〆之內)・會勾當(宗兼)令割分支配之處、自第二日不可配分之由、會堂侍申之候、然上者、八室料理事ハ不可仕之由、寛貞・孝乘訴申之間、尋堂童子之處、會以一夜之外不支配之由申入之間、又其分仰含之處、以故良乘法眼記錄(二條)又兩人申旨在之間、先下行物可抑置之由仰付了、追可糺明也、然上者兩人先(衍カ)可令出仕可行會、事更今夜予可出仕之由仰付了、

一巳剋禪定院僧正被來、進一獻了、」

(14ウ)
一申初點當講來法服・平ケサ、登緣、于時申次房官清賢法橋、法服・表袴・五帖、令出對、其間從僧敷草座、居箱ヲ置、予着裝束鈍色・表袴・五帖出對、有嘆德詞、事終予入內、當講退出、威儀僧四十人計在之云々、

嘆德詞云、

大會講匠異于他、無爲遂講珎重、

(15オ)
一今夜會參了、先御先中綱六人、松、次力者二人、松、次御童子二人、松、次大童子二人、松、次從僧二人清賢法橋・孝承寺主、松、」一次手輿予、裝束法服・甲ケサ、次力者等□〔也カ〕、唐笠持之、導具入箱末座力者持之、水瓶・手洗等如先々、

路次

中童子は大乗院實尊出仕時に倣ひ略す

兩師參堂
兩師退出
諸僧出堂
集會鐘を槌つ
諸僧一床著座
兩師參堂
講問終了鐘
兩師退出
諸僧退出
經覺試經出仕
會堂出仕次第
勅使と金堂後の石壇を昇る
道具を試經所の屛風際に置く
經覺著座
勅使著座
證師幷注記著座
試經法師一人宛石壇に昇る

路次事、出東室築地ノ際ヲ西〔北〕行、修南院前ヲ東行、北戒壇院ヲ北行、至切芝、於大坊中程ニテ下輿、于時從僧於金廊西軒取導具、草座淸賢法橋、居箱孝承寺主、從僧退散時分予入堂內、一人爲直裳二床間へ廻ル、一人押沓、則着座、爰會初(專尋)於床上礼節、存外之次第也、追可行嚴科歟、」

(15ウ)

於中童子者、今度略之畢、後井山(大乗院實尊)法務出仕猶以被略了、況數度重任老後出仕、旁以可相替先〻間、略之条不可有巨難之由相存之間、略之畢、

次兩師(講師・讀師)參堂、次唄、次散花師(昭覺)幷四床丁衆行道、堂童子引花莒、次論義事終講廿鐘聞之、兩師退出、不出導具、

次諸僧出堂、次一床予以下下床、立後戸邊、次閇戸、有暫集會鐘槌之、次開戸、次諸僧着座一床、自上首次第着座、次兩師參堂、次第如□□(先〻カ)、」講問終了鐘、次兩師退出、諸僧

(16オ)

同退□(出カ)、予爲逢試經留床、爰從僧・大童子幷御前中綱以下正面ニ廻ル、導具出正面、則出堂、石壇ニ而勅使ト相逢テ、金堂ノ後石橋(壇カ)ヲ昇了、勅使ハ東ヱ廻ル、予ハ西へ廻ル、壇ノ上ノ小門ヲ出テ立、于時從僧於廻廊取導具、試經ノ所ノ屛風西ニ置之、廻(廊カ)柱外方、正面程ニ從僧歸時分、予漸東行而着座、扶(勅カ)使同着座、次證師幷注記着座、次小綱試經法師一人

五度行ふ
證師注記退出
勅使退出
經覺出仕時の路次にて別當坊東室に歸る
大風流延年舞
日野勝光大衆の暴言を怖れ延年舞見物を止め當講出仕の樣を見る
筒井順永等大衆抑止を約し見物を奬むるも餘醉と稱し見物せず
公文目代繼舜の會中粉骨に優じ今日別當坊一獻料調進を免除す
出世奉行松林院兼親に命じ明年研學長者宣を長深に下付せしむ
所望により賢長に下付を命ず
日野勝光諸大夫吉田忠弘を派し上洛の暇を告ぐ
坊官孝承應接す
春藏房尊祐を

ツヽ、召具昇石壇、」(16ウ)（於中童子者今度略了、）
五度同前事行、證師・注記退出、次勅使退出、予同廻廊外方軒邊ニテ乘輿、講堂与西室間ヲ通テ切芝ヱ出テ如元退歸、如出仕、

一今夜大風流也、

一日野大納言（勝光卿）夜前見物、大衆等吐狼籍〔藉〕間令怖畏、今夜不見物、向講坊當講出仕ノ躰ヲ見云々、筒井（順永）以下可見物、於大衆儀者可懸申之由、再往雖申、兎」(17オ)角申止、稱餘醉不見物之由後聞、

一今日一獻公文目代繼舜也、會中事外粉骨之間、不可調進之由仰含之間、撰〔拱カ〕手畏申者也、

一明年研學　長者宣、今日以中綱賢長可遣之由、仰出世奉行了、中綱事、出世奉行雖可相計、今度別望申之間、以此賢長可遣（ㇾ仰）之由仰遣故也、」(17ウ)

十六日、丙午、霽、

卯刻日野大納言以諸大夫修理大夫忠弘（吉田）、雖可參申、急歸路之間、乍恐以使者申候云々、愚老未起之間、孝承寺主令對面歸遣云々、

一召供目代尊祐、春藏房、出世奉行兼雅僧都召付、付衣・五帖、有悅酒云々、同時ニ法用僧宗乘仙觀房、召仰

供目代と爲し仙觀房宗乘を法用僧と爲す長深明年研學得請の禮參す

悦酒あり

一床衆日供無沙汰を訴ふ案主に嚴命し四箇夜分引かしめ一床衆出仕を泰承に命ず

結願

權別當東院兼圓不出仕

經覺之を難ず

探題孝祐呪願三禮等沙汰す

取鉢出仕につき注記犻舜曆應の先蹤上申し經覺之を承認す

寺務并勅使出仕せず注記のみ參向すと曆應記に見ゆと

初日結日は老齡に依り闕仕と思ひ定むるに權別當の怠慢により經覺出仕す

日供三箇夜引く

了、各鈍色裝束云〻、

(18オ)一先供目代長深得請之由參申、同兼雅僧都申次了、是有悦酒云〻、

一一床衆日供無沙汰事訴訟申之間、召案主嚴密加下知了、四ケ夜分引之、猶令沙汰者可引」之由請申之間、如此申上者、急可出仕由、以北面仰遣泰承僧都了、

一初夜時分成烈〔列〕、四過程結願云〻、權別當(東院兼圓)今夜不出仕、凡如此任雅意者、誰人後〻可致出仕之劬勞哉、寺門陵遲、會式不便、歎而有餘事歟、孝祐僧都呪願三礼」以下沙汰云〻、

(18ウ)一於取鉢之儀者、昨日注記以曆應之跡有申旨之間、可然之由仰了、其子細者、寺務未補之(マヽ)間、勅使モ不罷向、注記計取沙汰之樣ニ曆广記ニ見歟、追懇可尋記、(曆應四年分維摩會ノ際、取鉢ニ勅使幷寺務出仕セズ、三口綱所計參向スルト、福智院泰舜ノ記ニ見ユルコト、大乘院寺社雜事記本日ノ條ニ見ユ、)

抑今度於初結者、老躰至極之間、不可出仕之由、兼所相存也、闕請事、尤權官雖可出仕」事也、自由無法之間、中〱不及仰遣間、予出仕了、就自然先途以下、可申所存事歟、(尋尊、權別當東院兼圓ノ會式不出仕ヲ難ズルコト、大乘院寺社雜事記本日ノ條ニ見ユ、)

(19オ)一今度日供事、一床四ケ夜但口□申テ一夜止、三ケ夜分請了、丁衆三ケ夜引之、依丁衆無沙汰無正躰、如此成無沙汰歟、不可然事也、

別當坊一獻

一別當坊一獻事、

調進者交名

御後見清賢法橋、(越前坂井郡)河口庄給主兼雅僧都、

坪江下郷給主佛地院任俊は院務改替に依り課さず

一切經納所英筭僧都、(越前坂井郡)坪江給主(佛地院)任俊得業、
爲公方被改院務之間、不及仰、

勅願納所宗秀も課さず

勅願納所(惠心坊)宗秀僧都、今度不仰、可沙汰条者、無子細事也、

修理目代光宣僧都、貳百疋以色代進之、

會所目代兼乘權寺主、貳百疋以代進之、

(19ウ)

公文目代繼舜權寺主、會中諸事奉行粉骨事外之間、可閣之由仰付了、

通目代奘舜權寺主、色々雖歎申、沙汰跡連綿間、嚴密責仰了、以百疋別而歎申間閣了、

其外

初夜研學(持寶院)賢英得業兩瓶・白壁二合・蜜甘(柑)一折進之、

光舜僧都兩瓶・菓子一盆・白壁一合進之、

(訓英)(妙德院)長敎実名可尋、兩瓶・菓子一盆・白壁一合進之、

油物

一油物四ケ夜請之、

一ケ夜別フト四・マカリ四也、

闕請時從僧一人兼約に依り東南院より召進す

公人下行料

出仕分

專寺探題方分

日供下行分

大會出仕者には日供下行するにより御丁間酒不下行の例なるに闕請出仕時誤りて下行す

明年研學竪義披露を注記牪舜に命ず

大會讀師役當年は寺務番なるに依り通例に任せ大乘院三昧衆に命ずるに勤仕し難き旨歎願す

油事少分沙汰之云々、少童請取之、」

(20オ)
一闕請時從僧(寛深)一人自東南院召給之、(珍濟、覺尋)去月受戒時自是一人召遣、大會出仕之時可召給之由、契約故也、（經覺、東大寺臨時受戒會受者東南院珍濟ノ從僧トシテ法眼縁舜ヲ派スルコト、大乘院寺社雜事記本年十月二十二日ノ條ニ見ユ、）

一公人下行方事、

予出仕兩度分中綱六人、各雜紙一束・色代三十疋下行之、

於專寺探題方分者、人別二十五疋、中綱六人分都合壹貫五百文、(×壹貫五百文)仕丁二人五百文、箱持加分三百文、合貳貫六百文下行了、」

(20ウ)
一日供者初度分從僧取之、餅二十枚、

第二度下行分大童子二人取之、以八木下行云々、

第三度下行分下部御童子取之、同以八木下行云々、

於大會出仕者、取日供之間、御丁間酒不可下行之處、闕請出仕之時、令忘却下行了、以外次第也、

一明年研學竪義披露事ハ、仰付注記、於馬道可披露之由仰含了、

(21オ)
抑大會讀(×請)師事、當年當寺務間、任例仰付三昧衆之處、三昧□(衆)」事近年有名無實之間、難

仍りて一切經承仕に勤仕を命ずるも先規無き旨愁訴し成身院光宣又尋尊に就き歎願するにより三昧衆に勤仕を命ず

承仕勤仕の先規無くば無理下知に似たり追て舊記を檢し成敗す

一切經承仕等錢三百疋を進め禮謝す

大會用法服は尋尊の意見を容れ平絹法服用意せんとするに京都德政通路不通にて料絹を得ず三寶院より借用す

鈍色も借用す

他はすべて禪定院裝束を用ふ

經覺尋尊の大會遂行の計略を謝す

別當坊祗候者

勤仕之由色〻歎申之間、爲一切經承仕可懃仕旨仰含了、而曾以無先規之由、色〻歎申之間、重〻令糺明之處、誠無先規者不便次第（×■■）、又一度ニテモ先規候者、蒙仰可責伏之由、光宣僧都就禪定院僧正歎申之間、先規一段只今難休間、無力立歸（×仰付）仰付三昧衆了、愁仰懸之間、雖可通其儀、誠無先規者、似無理之下知之間、今度事者、」（21ウ）先可隨仰、追撰舊記可成敗之由、仰付三昧衆了、只今事誠閣之条畏入之由申之、用途三百疋進之由、一切經承仕等申之（×也）、

一愚老法服事、先規在之間、可用平絹法服之由、禪定院僧正以類聚記被申之間、欲致其用意之處、京都路次依德政事、至今月三日不通、四日モ未心安之由令風聞之間、料絹等劬勞も一日二日にてハ難事行之間、」（22オ）無力令借用三寶院（義賢）畢、鈍色□（者カ）禪定院裝束事外赤之間、同令借用了、其余者悉禪定院裝束也、其外事共万事非彼僧正計略者不可事行處、懇被沙汰之間、毎事不闕事、爲親類・師弟ト云トモ、恐ハ如此儀難有、懇志誠異他也、以何可報之哉、」

（22ウ）

一今度別當坊祗候者、

孝承寺主、慶有寺主、泰增（權脱）前都維那、慶弘、北面、上北面寛圓（専親）、舜專（良鎭）、林敎（印盛）、下北面宗（英

順(建)法師、

經胤、畑藏人、覺朝、對馬公、明教(實盛)、吉阿、弓阿、木阿時〻祗候、喜久法師、院仕教観父子中一人、虎松、御童子一人、力者二人着直垂可結番之由仰付了、於外樣者繼舜奉行了、」

兵士古市胤榮

(23オ)

兵士古市(胤榮)、小師坊引幕兵具置之、

十七日、

禪定院に移る

巳剋移禪定院了、

○五行分書サズ、」

維摩會聽衆

(23ウ)

　維摩會聽衆

一床

政所予、　權政所權僧正兼圓、

師權少僧都泰承、　會始 春聖房權少僧都專尋、

探題 大納言權少僧都孝祐、

　以上一床

專寺

隱密 專懷得業　(發心院)定淸五師

英順得業　隱密 胤淸〻〻〻

隱蜜
陽渕ゝゝゝ　(四十九院)覺俊ゝゝゝ
(西發心院)光專擬講　有圓五師
(24オ)
永俊得業　成懷ゝゝゝ
好尋ゝゝゝ　定秀ゝゝ
順懷ゝゝ　(常光院)專順ゝゝ
(惣陽院)宗聚擬講　宗算五師
光守得業　実心ゝゝ
(淨法院)任圓ゝゝ　隆兼ゝゝ
散花師
昭覺法師
以上專寺

東大寺
聽海擬講　澄春ゝゝ
(24ウ)
延營五師　宥憲得業
盛重ゝゝ　英祐ゝゝ
快專ゝゝ　澄延ゝゝ

薬師寺　以上東大寺
長乗得業　継範〻〻
以上薬師寺
法隆寺　懐弘得業
以上法隆寺
綱所　威儀師寛貞　従儀師孝乗
注記　従儀師奘舜

延年頭
(25オ)
一延年頭　鷹山大貳法橋頼弘
慈恩寺名字可尋記、

假屋
食堂より東へ九間
三方假屋間に餘戸三あり
上葺は板上に檜葉を葺く
東の端に講師假屋
延年舞假屋

〔一脱カ〕
假屋事
食堂東細殿北ノ柱通ヨリ東ヘ九間也、三方假屋間ニ（講師假屋・中假屋・北假屋）アマヘ（餘戸）トテ半間計者三在之、黒木也、上ヲハ下ヲ板ニテ葺之、檜葉ニテ上ニ葺之、東ノハシ講師假屋也、
一十二日、三方内延年在之、
一所講師坊　一所興西院鷹山方、

兩門跡寺務時延年舞を別當坊に召す先規あり應永三十四年經覺寺務時頭人兩人を召す

今度も衆中沙汰衆水坊憲秀に用意を命ずるに管絃者に下知するも頭人方に通知せざるに依り職衆以下田舍に下向す

憲秀を重科に處せしむ

竪者

初夜研學

第二夜なし

寺分

東大寺分

東大寺精義

一所東北院慈恩寺方、」

十三日、庭延年　　十四日、小風流

十五日、大風流

（25ウ）

一十六日、三方延年、兩門跡時召寺家坊条、非無先規、隨而應永卅四年余當職時、東院光曉僧正・琵琶少路尊英法橋召給了、至籌等致沙汰之条、無異論之間、今度召沙汰衆号水坊大夫(憲秀)、仰含之間、可加下知由令領狀之間(×處)、心安心得置之處、管絃者ニハ加下知、不申頭人之間、打捨罷下了、仍召尋之處、役人共給暇之由申間、言語道斷次第也、無力就水坊沙汰衆、可加重科之由仰了、（應永三十四年維摩會ニ、東院僧正光曉・一乗院御坊中老枇杷小路某、延年頭ヲ勤ムルコト、三會定一記ニ見ユ、）」

（26オ）

一今度竪者賢英得業、初夜研學、

第二夜無之、光明院隆兼得業雖可遂業、依計會不叶者也、但會參了、

寺分寛尊得業、

東大寺二人也、英豪、賢祐、共三論宗、

東大寺精義、

聽海擬講、初夜精義、澄春擬講、寺分精義、

唄役
東大寺僧に勤仕せしむ

一唄役事、不依專寺・他寺可沙汰之處、必東大寺之內ニ可沙汰由存歟、不取入事也、然而非殊難義之間、任申請沙汰之由注記申之、」

光明院隆憲會參につき良家者竪義以前會參先例の有無取沙汰あり隆憲注記奘舜に質すに尋尊尋雅會參の近例を示すにより會參す

(26ウ)
一光明院隆憲得業會參事、竪義以前良家者會參事、先規可爲如何樣哉之由及沙汰歟、仍隆憲就注記奘舜從儀師、此子細不審之間、近尋雅得業會參先例依在之也トテ、自門跡注遣之間會參云〻、可尋記、

大乘院尊信第二度寺務時の先例に據り第六日のみ會參す

一予會參事、寶峯院(大乘院尊信)第二度寺務時(弘安元年)、寺家會參第六日計之由、有舊記之間、任先例今度も第六日計會參了、

權別當東院兼圓一度も出仕せざるは無法の至りなり老齢病軀に非ず都合も無き壮者の不參は神慮冥見に違ふ

(27オ)
一權別當今度一度も不出仕、頗以」無法之至以外次第也、寺務如予窮老歟、或病躰歟、左樣時不參者不苦、又非無先例、無殊指合、殊若輩權別當存自由令不參者、誰人可會參哉、會式陵遲太以不便次第也、當年卅五六歲者也、可違神慮冥顯〔見〕之条、不可能左右、如此無法者可爲無爲者、云寺務云權官、會式出仕者誠無益次第也、

第六日經覺出仕時會始專尋床上禮節をなし尋問に奘舜に就き辯疏歎願す經覺之を免ず

(27ウ)
一第六日予出仕時、會始專尋僧都於床上礼節、相尋所存之處、一向不弁」古法、偏以哀憐可蒙免許之由、種〻以注記歎申之間、閣殊沙汰了、良家分者猶下床礼節爲之、況於凡人哉、可謂沙汰外、

注記騂舜辭表を奉行繼舜に付す

一注記事、騂舜從儀師寛正四年二月中旬辭退之由、付書狀於奉行繼舜權上座了、

○三行分空白、

○第二十八丁白紙、

（表紙題簽）
「安位寺殿御自記　五十　」

（原表紙、自筆）

寛正三年三月廿一日

要　記　第三度寺務中也

（経覚）
（花押）

（原寸縦二六・〇糎、横一八・五糎）

○本冊、第一丁～第六十三丁ニ寛正三年三月廿一日～六月十九日ノ日次記ヲ載ス、第五ニ収ム、

（64ウ）

東金堂堂師職補任狀案

補任　東金堂堂司職事
　大法師圓舜
右以人所補件職如件、
　寛正四年三月卅日
（經覺）
別當前大僧正法印大和尚位

（表紙題簽）
「安位寺殿御自記　五十五
　　　　　　　　〃五十六」

（表紙、別筆）
「寛正四年三月朔日
要鈔　自三月至六月記之、
　　　　　　　御判」

（原表紙、自筆）
寛正四年三月朔日
要記　自三月至六月記之、
　　　（經覺）
　　　（花押）
（原寸縦二七・二糎、横一九・八糎）

○本册、第二丁～第五十八丁表ニ寛正四年三月朔日～六月卅日ノ日次記ヲ載ス、第六ニ收ム、

寛正六年八月十五日石清水八幡宮放生會上卿足利義政之に莅む
公卿供奉者日野勝光廣橋綱光
神輿出御時大風雨
綱光の意見により歸還する直後放生川橋流失す

（59オ）
寛正六季八月十五日、自昨日雨下、今日（男山）放生會、爲上卿准三后左大臣義（足利）政令向賜、今日寅剋自京都御下向云々、夜中着御八幡、則爲放生會御出仕、自善法寺（御宿）御出、地下先駈六人、公卿日野大納言勝光卿・廣橋中納言綱光卿、其外少々云々、殿上人追可尋記、爰神輿出御御共之處、大雨大風折木吹之間、御笠以下一切不叶、言語道斷之御式也、仍廣橋中納言申云、神輿出御肝要也、御供奉今分者不可叶、早可令歸賜之由、再三申之間、随其儀御歸之」（59ウ）處、其跡ニ驪大水出テ、放生川橋流落了、希代作法也、仍神輿不及還御、數十日絹屋殿ニ御座也云々、

神人訴訟あり

一神人有訴訟、及種々乱訴之間、三人被召籠畢云々、被討欤、

陰陽師勘解由小路在貞のト占に依り急ぎ歸洛す
淀川氾濫大橋消失し供奉者二三騎

一室町殿御身固在方、（貞）陰陽師、（勘解由小路）急可有還御候、不然者可有御難儀之由、占申間、夜初夜時分俄還御之處、淀川橋ヲ令越賜、御跡者共渡時分、大水出テ大橋流之間、御跡殘者共皆御共不叶、纔二三騎計御共云々、以外次第也、（勘解由小路在方、文安元年薨ズルコト、公卿補任ニ見ユ、）

八幡里大水入り家屋多く流失す

（60オ）
一八幡里中大略大水入之間、家多流了、（享清）善法寺執事乘馬馳廻之間、水ニ沒死畢、如此之

義政宿所善法寺坊中浸水す

間、御宿善法寺へ水入了、人馬多流失云々、

社家産穢内上卿勤仕禁忌を申入るも吉田兼敏の意見を容れ勤仕するに依り大風雨出來すと衆人申す

一御産ノ移三十ケ日内上卿事、不可叶之由、自社家申入之處、吉田神主（兼敏）不可有子細之由依申入、上卿事被懃仕了、觸穢之躰爲上卿之間、如此風雨大水出之由、衆人申之云々、殊勝事也、（本年七月二十日、義政ノ子生マル、コト、蜷川親元日記同日條ニ見ユ、）」

「（表紙題簽）
安位寺殿御自記　五十六
　　　　　　　　〃〃五十七
」

（原表紙、自筆）

寛正四年壬六月朔日

要　鈔

（經覺）
（花押）

（原寸縦三〇・六糎、横二〇・二糎）

○本冊、第二丁～第三十九丁表ニ寛正四年閏六月朔日～九月五日ノ日次記ヲ載ス、第六ニ収ム、

以逆修便善奉訪過去者

（一乘院）覺信僧正　（一乘院）玄覺―　（一乘院）惠信―　（大乘院）尋範―　（一乘院・大乘院）信圓―　（一乘院）良圓―

（40ウ）

逆修追善供養者

一乘院幷大乘院歴代門主

經覺師範并同學

(大乘院)實尊━━ (大乘院)円實━━ (大乘院)尊信━━ (大乘院)慈信━━ (大乘院)尋覺━━ (大乘院)覺尊━━

(大乘院)聖信僧都 (大乘院)孝覺僧正 (大乘院)孝尊僧都 (大乘院)孝信禪師 (大乘院)孝尋僧正 (大乘院)孝圓━━

(松林院)實雅僧正 (東院)円曉━━ 良英僧都 良深法印 顯融得業 (東轉經院)宗信僧都

訓營五師 (發心院)宣胤

九條家嫡流

(九條兼實)月輪殿 (九條良經)後京極殿 (九條道家)光明峯寺殿 (九條教實)洞院殿 (九條忠家)一音院殿 (九條忠教)報恩院殿

(九條師教)淨土寺殿 (九條房實)後一音院殿 (九條道教)三緣院殿 (九條經教)後報恩院殿 (九條忠基)後己心院殿 (九條教嗣)中山右丞相

近親者

(九條滿教、滿家)後三緣院殿 (九條加々丸)北殿

(經覺母)芹戒尼正林 (大乘院孝圓)後寶峯院母堂 (九條經教妾按察局)妙觀禪尼 (經覺乳母)阿弥女 □━━ (晴實)久光上人

昵近者

爲興朝臣 爲規朝臣 菅大納言在豐卿(唐橋) 三位入道々榮 祐玄 小泉重弘 同重榮

同金力 古市胤仙 木嶋祐光 良識(淋専) 勝順(英圓) 六方霍執內被打敵御方亡靈、

去年文正二年以來於京都所被打敵御方亡魂、七世父母 七世先師

大谷勝〔證〕定(玄康)閣 圓兼

○三行分空白、

○第四十一丁裏白紙、

（表紙題簽）
「安位寺殿御自記　五十九」

（原表紙、自筆）

寛正五季八月朔日

要　鈔

（經覺）
（花押）

（原寸縦二九・一糎、横二〇・七糎）

○本册、第一丁～第三十七丁表ニ寛正五年八月朔日～十月二十九日ノ日次記ヲ載ス、第六ニ收ム、

對馬公覺朝書狀案
經覺料所攝津富松莊算用狀披見す
寛正三年以降四箇年年貢二百疋のみ進納す

（40ウ）

（攝津河邊郡）富松御散用狀共被御覧了、肝□（要カ）至去年（寛正六年）四ケ年ハ、貳百疋分被進外不被知食候、但無正躰者共之間、不披露子細哉（候脫カ）らん、自寛正三年至去年まて御請取候へく候、可被寫進候、

地下代官富松平左衛門未進につき守護被官に改替するか
未進皆済せば其要無きか
段銭以下引物は大乗院孝尋知行中に無し
先證あらば進覧さるべし

（41オ）

二百疋外不被知食之由思食候、就其富松平左衛門無沙汰事ハ、以外次第之間、其御儀無子細候ハヽ、守護邊物（細川勝元）ニ可被（〆被）仰付候、いかゝ候へき、但自其依御計略、未進共悉致沙汰候者、其までも候まし」き事哉、就中反錢已下引事（物脱カ）ハ、何年先例哉、後己心寺殿（大乗院孝尋）数十年御知行事、一年にても引物なと候事ハ、不見引付候、定以記置分哉、然者被御覧度候、内ヽ其跡候ハヽ被進哉之由、可申旨候、可得御意候、恐ヽ謹言、

（文正元年）壬二月廿日　　覺朝

榮識御房

（表紙題簽）「安位寺殿御自記　六十一」

（原表紙、自筆）

寛正六年九月

要鈔　室町殿南都御下向之事

經覺

（原寸縦二七・八糎、横二〇・五糎）

足利義政春日社參詣の爲奈良に下向す

宇治にて晝食

一乘院教玄出迎へ同門跡に入る

大乘院尋尊等見參す

（1オ）

□□□（寛正六）年九月廿一日、室町殿准三后左大臣義―（足利）政為春日社御參社御下向、辰剋御出門云々、於宇治（山城宇治郡）御日中、申下剋御下着、一乘院教玄僧正令參向四足、奉入門跡云々、教玄僧正裝束鈍色・五帖云々、大乘院（尋尊）僧正以下令參、懸御目退出云々、諸院家少々同之、

随伴下向者
大名五人

公卿四人

殿上人十人

(1ウ)

行粧
陰陽頭土御門
有季

義政

殿上人
近習者

上卿四人

山名宗全

斯波義廉
先管領細川勝
元

(2オ)

一今日下向大名、細川右京大夫(勝元)・山名金吾入道(×▒▒)(持豊、宗全)・一色左京大夫(義直)・治部大輔(斯波義廉)武衞、・土岐(成頼)、其外少々□直衣、色薄香、公卿四人、日野大納言勝光・廣橋中納言綱光・□(参議右中將カ)公躬(正親町三條)・(×▒▒▒)右大弁宰相益光(烏丸)、各狩衣、殿上人十人、各淨衣重衣、公卿四方□(輿)、殿上人乘馬、衞府長十人□」衞府十人、ニ藍、土草色、□自般若寺(添上郡)御輿邊走、衞府隨身同之、

一御前ニ反閇陰陽師(土御門有季)、四方輿、淨衣、打折侍一人令乘馬召具、輿力者十七八人在之、□雑色六七人前行、

有甍主人(義政)令通賜、先番頭八人重衣、直垂文、以薄押之、次少者六人、上下着、色々少袖、次走衆數十人、帶大刀、上下、次御輿、御力者、衣袴濟々、御跡ニ殿上人、騎馬、次近習者歟、伊勢守(伊勢貞親)以下十五六騎在之、

次上卿四人、各衞府侍一人ツヽ召具、乘馬、

次山名入道、無板輿(乘カ)、共者濟々、騎馬十五六騎、」先馬二疋、輿先ニ引之、

次治部大輔、板輿、共者濟々、騎馬十騎計歟、先馬引之、有甍先管領細川(勝元)馬二疋引之、

次右京大夫、板輿、共者濟々、鑓持五百人計、射手百人(×▒)・計云々、射手先行、鑓持者後陣、

騎馬三十六騎云々、事外用心躰也、

管領畠山政長は昨日下向
一乘院に延年舞を催す
關白二條持通三寶院義賢參候し延年舞見物す
義政春日社參詣
兩門跡以下諸山幷門徒衆見物す
尋尊の行粧
下松の東に尋尊政覺幷寺務松林院兼雅以下立つ
經覺供奉者不足と老齢を考慮し見物を罷む
義政社參の行粧
足利義持同義教社參は四方輿を用ふるに今度手輿なるは何時先例によるか不審

〔一管領カ〕□(政長)畠山ハ昨日下向云々、一乘院門役用也、
〔一於今夜カ〕□一乘院有延年、道者沙汰也、仕丁ハ修學者若輩共・衆徒等相交歟、
一一乘院參躰、關白持(二條)｜通公・三寶院准后義賢、丑剋事終云々、」
廿二日、天晴、
今日春日社御參也、兩門跡(教玄・尋尊)裹頭而立之、一乘院ハ東御門以南、大乘院ハサカリ(下)松以東、
（2ウ）
催諸山幷門徒衆等悉催之、
巳剋爲出大鳥居、僧正尋尊、乘手輿、次兒兩人松林院弟子(兼雅)、(兼親)〓(裹カ)頭、衣計着之、十一歳、廣橋(兼顯)猶子、榮松、清賢法橋子、衣・ケサ、十二歳、扈僧者自松林院付之、榮松扈僧者御坊中内兩人被召仰云々、次禪師政覺、裹頭、世間・出世・御坊中・諸山以下濟々、サカリ松ノカウハリ(勾張)木ノ東ニ兒ト扈僧在之、次僧正・禪公幷兼雅僧正以下立之云々、」
（3オ）
一予雖可罷立、力者等其數不多上、中童子無之、又經時剋者、老躰可爲難治之間略了、不苦事也、
一室町殿御社參者淨衣被召之、絹云々、御共公卿・殿上人悉淨衣布、也、室町殿幷公卿各手輿也、勝定院殿(足利義持)・普廣院殿(足利義教)兩人觀見申了者、四方輿也、今度手輿条如何、手輿者歩行之

義政の歸路を待たず歸る
義政一乘院に渡り次で大乘院に赴く
日野勝光供す
三寶院義賢相伴に參ず
陪膳殿上人近習者門外に徘徊す
式三獻
義政尋尊に酌盃を與ふ
次で經覺を召し出し酌盃を與ふ
政覺にも與ふ
勝光酌にて成就院清賢に盃を與ふ
兒幷寺務兼雅には與へず
尋尊庭に下り義政を見送る
義賢勝光兩所に參仕相伴す

条勿論也、而殿上人乘馬、是又不得其意者哉、何時先例哉、不審也、

御社參令通賜後、不待御歸路、各歸了、

（3ウ）

□（二）申初點渡御一乘院云〻、不經程□僧正上土門內餠木際ニ蹲踞、□下輿、障子上南ノ沓脫ヲ上テ□御簾ヲ上タル所ヨリ入御、日野大納言一人□御共、三寶院准后義賢爲御相伴光臨、九間ニハ室町殿御直垂、香、・三准后（義賢）・僧正、次間ニ勝光卿祗候、御倍（陪）膳殿上人三人、永繼朝臣（高倉）山科、各布直垂、・言國廣橋、長絹直垂・大口、・兼顯其外無堂上躰、近習者等門外（×前）ニ徘徊、初獻室町殿被聞食、次三准后、次僧正、次日野大納言、二獻三准后被初之、次室町殿、次僧正、三獻室町殿取酌、僧正ニ被下、其御盃ヲヲカレテ、愚老可參之由被仰之間參了、同御酌ニテ被下之、次禪公參同被下之、其後日野酌ニテ被召出清賢被下之、兒幷兼雅」僧

（4オ）

正雖祗候無其儀者也、不審〱、

還御之時、僧正下庭中、扈僧上土門內ニテ御色代時還入云〻、於裏無者兒取之、時儀快然之間祝着了、上下大慶也、

一兩所（一乘院・大乘院）共以三准后・日野爲御相伴被參了、

廿三日、霽、

義政東北院に赴く
勝光早參す
經覺勝光に會へず奏者深前某に申置き歸還の序で二條持通を宿所西南院に訪ふ
次で義賢を宿所慈恩院に訪ひ次で禪定院を經て宿所成就院に歸る
義政松林院に赴く
學侶六方幷衆中延年舞を催し義政の觀覽に供す
教玄尋尊西方緣に候す
義政東大寺内巡禮
西室に寶物を覽る
勅使中御門宣胤勅封藏を開き取り出す
東大寺別當西室公惠等案内
大佛殿等巡禮
次で普門院に先別當尊勝院公經を訪ふ
義賢相伴參候

今日午剋先渡御東北院之間、勝光卿彼在所へ早參云〻、予爲礼着一重〔衣脱カ〕罷向之處、早參彼坊之間、申置奏者深前云〻、還向了、其次參關白御宿所、西南院、榼二荷・柹折□進折紙了、關白出御、天氣以下□」（4ウ）申入退出了、直向三門慈恩院□能時事終退出了、准后出緣礼節、令蹲踞還歸申了、其後向禪定院後歸成就院了、

□〔二〕申剋渡御松林院、爲御相伴三准后・日野參了、三獻在之云〻、

一今夜又有延年、學侶・六方・衆中沙汰也、僉議良勝房〔蓮成院興基〕已講、以香ケサ裹頭、衣絹也、披露中綱、

一兩門跡裹頭ニテ西方緣ニ祗候、良家僧正少〻在之云〻、」（5オ）

廿四日、霽、

今日東大寺御巡礼、以次渡御西室、於此所寶物被御覽之、勅使中御門左中弁宣胤朝臣束帶ニテ罷向、開寶藏〔正倉院〕取出云〻、東大寺〻務西室公惠僧正幷戒壇院長老兩人御先達云〻、大佛殿・淨土堂・二月堂等御巡礼、但八幡ヘハ無御參云〻、子細難知者也、自西室○還御之後○被改御裝束、御裝束如御社參、渡御尊勝院方〔公經、公深〕、普門院借住云〻、內〻儀御直垂等也云〻、爲御相伴三寶院准后被參云〻、兩三獻後還御云〻、」（5ウ）

廿五日、

一乘院猿樂

義政叔母法華寺長老尊順を訪ふ

歸路東北院に至り不精進料理を食す

經覺成就院に義賢を招く

義賢千疋折紙を遺る

延年舞見物の爲歸宅を急ぐに依り式三獻と湯漬のみ饗す

畑經胤を派し盆以下を贈る

春日若宮祭田樂頭装束給

降雨に依り延年舞中止す

義政若宮祭禮見物

寺門一獻調進

兩門跡兒見物

流鏑馬射手全射的中す

今日於一乘院有猿樂、四座(觀世・金春・寶生・金剛)沙汰之云々、

廿六日、

今日渡御法花寺云々、御歸路又東北院渡御、被聞食不精進御用也云々、

[一]三准后光臨成就院、奉令招請也、申剋光臨、(×▒▒)付衣・香綾ケサ、予着一重衣入見參了、千疋折紙(×▒▒)

賜了、今夜可有延年之間、爲被參被歸宅急之間、式三獻之外、湯積(漬)計進了、被還向後、

（6オ）

進畑經胤盆一枚佳章(桂)、・香呂一胡銅、・雜紙百束進了、」不思寄之由有返答、

一今日祭礼装束給也、本座龍花院谷坊、順覺法印(英覺)、新座大轉經院、陽春律師(寛尊)、能如形在之云々、

一延年事、依雨下今日ハ無其儀者也、

廿七日、

霽、

今日爲御見物渡御黑木御所也、御行粧御小直衣、手輿、殿上人騎馬、公卿四人手輿、狩

衣云々、一獻寺門沙汰也、渡物・流鏑馬畢後猶御酒宴云々、時儀宜之由有沙汰云々、兩門

（6ウ）

跡兒見物在之云々、大乘院兒(兼親・榮松丸)□御所際立之云々、一乘院兒稱□」五師・三綱

假屋邊ニ立云々、不可□由、有其沙汰者也、

一流鏑馬射手悉射當之間、御褒美之由有其聞、面目至也、

別當兼雅權別當孝祐祭禮出仕

義政後日猿樂見物田樂能まで覽る

持通并義賢參候す

延年舞法師亂拍子を止め兒四人入り違ひ舞ふ

義政歸洛教玄并尋尊夜中より一乘院に參候對面す

歸洛の行粧下向時と同じ

義賢戌夜出立

持通は義政出立後上洛

諸大名等銘銘勝元は夜中出立す

一今日寺務松林院僧正兼雅、・權別當法印孝祐（東門院）出仕、假屋行粧可尋記、五師三人・三綱二人（二條）兼乘寺主、（福智院）奘舜權寺主、出仕云々、」

廿八日、霽、

（7オ）後日御見物、御出躰如昨日、今日者白木御棧敷也、田樂能被御覽後まて御座云々、今日關白・三寶院准后被參申了、公卿・殿上人同前也、

一今夜延年又在之、如形云々（〆在之）、法師乱拍子ハ不叶時儀由其沙汰在之間、兒四人着長絹直垂入違舞之、事終畢云々、」

（7ウ）〔廿〕九日、

室町殿今日可有御歸洛之間、兩門跡等夜中より參一乘院、欲御歸洛之時懸御目云々、俊圓僧正四足西脚ニ蹲踞、兩門跡ハ長講堂邊ニ徘徊、御通時聊御礼申云々、自其還御也、如御下向之時不相替間、不能記之、

一三准后五更後被立之云々、

一關白者室町殿御出後上洛云々、

一諸大名以下思〱也、先管領者夜中罷立了、」

興福寺腹巻を京都に召上ぐ
東大寺院家等所進物を戒壇院に寄進す
尋尊の禮物
義政進上分
二條持通
三寶院義賢
諸大名
斯波義廉
畠山政長
細川勝元
伊勢貞親
朝倉氏景禮參
大刀と千疋折紙を進む
尋尊糸巻大刀を與へ北面をして酒饌を屆けしむ
冷泉爲富丼中御門宣胤風呂を所望す
尋尊風呂を立て浴後溫飩を饗す

（8オ）
一云寺門云兩門等、腹卷ヲハ悉京都被召上、其餘者御奇〔寄〕進寺門云々、
一東大寺院家等所進ヲハ戒壇院御寄進云々、
一今度大乘院方々礼節事、
公方へ進分、
腹卷一兩淺黃糸、肩白、　練貫五重
盆一枚　香箱　馬一疋月毛、
大刀長光作、（長船）　高檀紙十帖　万疋云々、
一關白榼五荷　チマキ百
一三寶院榼三荷　雜紙
（8ウ）
一諸大名、
武衞・管領畠山、・細川各榼三荷・チマキ百、伊勢守同、
一孫次郎（朝倉氏景）礼ニ參、大刀一振・千疋進折紙云々、自門跡糸卷一振給之、榼二荷・チマキ以北面被遣之云々、麁品礼節也、
一冷泉中納言爲富卿・中御門左中弁宣胤令參了、風呂所望云々、則被立了、上後有溫飩等、

廿四日事也、

○第九丁白紙、表ニ「續後撰和謌集春上中下」ト書ス、

└─

（表紙題簽）
「安位寺殿御自記　六十三
　　　　　　　　　八十ヽヽ
」

（表紙、別筆）
「要　鈔
　　文明五年卯月
　　　　　　御判
」

（原表紙、自筆）
要　鈔
　　　　　（経覚）
　　　　　（花押）
（原寸縦二六・四糎、横二一・一糎）

○本冊、第二丁～第二十六丁ニ寶德二年十月十二日～十二月二十八日ノ日次記ヲ載ス、第二ニ收ム、

高野山西光院再興勸進狀案書止し

（27オ）

□〔勸〕進沙門敬白

請特蒙十方壇〔檀〕那助成、再興高野山內西光院精舍、全天長地久御祈禱狀、

右高野山者、十方賢聖遊化雲□〔進カ〕之勝境、弘法大師〔空海〕入定留身之蘿□〔龕カ〕也、峯胎藏八葉之花

（27ウ）

臺、谷顯」□卅七之仏德、○以下書サズ、

某書狀案書止し

（28オ）

□衆事、色々懇被仰〔×▒▒〕遣□左衞門候之處、御返事大概如此申、巨細者以楠葉伊賀守

申、如此被入御意蒙仰候、畏存之由、口狀にて懇申入候、次坪江〔越前坂井郡〕年貢事、少々ハ付仕

丁沙汰之由申、去年分事ハ、是樣へも朝倉彈正〔孝景〕無等閑事にて候へ共、以狀寂少事□式

（28ウ）

候、如形も沙汰者隨分事哉、□定可爲無爲歟、次御講事〔勅願新三十講〕、」□行候者、國聞可然歟

之由、學侶□可被披露哉也、○以下書サズ、

大和龍蓋寺塔婆建立勸進狀草案

（29オ）

勸進沙門但阿敬白

(29ウ)

請欲○〈成殊〉蒙貴賤道俗助成、大和國高市郡龍蓋寺塔婆建立之狀、〈於願〉

〔右〕□謹案緣起文、當寺者」〔天〕□智天皇草創之御願、觀〔音〕□除厄攘災淨場也、加之、三十三所

〈靈地〉隨一〔五脫カ〕十大寺之隨一也、就中本願義渕僧正者、觀音大士之化身、爲施末世之利益、達叡

(30オ)

聞、以御願之号、佛閣建立〈令〉○〈者也、〉今龍蓋寺是也、抑〈稽首君〉草創之君者、〔無〕□双之巧匠也、〈欲〉懇爲除五

〻之重厄、□如意輪、○〈依之〉所爲今觀音堂本□〈揭焉之間、〉以降重厄男女仲春」□

參詣追年無絕、爰本願以來塔〔文〕□明四年初秋廿日、依大風令顚倒了、□但阿弥深

〈悲〉憂之、起建立之大願、乞願都鄙男女、以少財助大願者、現世預〈觀音〉大聖加被、成心中所願、

來世以少固可遂極樂之往詣者也、仍觀〔勸〕進之趣蓋如件、

」

(30ウ)

大和龍蓋寺塔婆建立勸進狀案

勸進沙門但阿弥敬白

請欲蒙殊貴賤道俗助成、大和國高市郡龍蓋寺塔婆於建立之狀、

(31オ)

天智天皇御願

右謹案緣起文、當寺者天智天皇御願、觀音拂厄灾淨〔場カ〕□也、加之、卅三所根本十五大寺

本願義淵僧正

〔之隨一カ〕□也、就中本願義渕僧正者、」〔觀音大カ〕□士之化身、爲施利益於〔末世カ〕□、達子細於叡聞、

建仏閣、今龍蓋寺是也、抑又稽首君者、〔動〕無双之巧匠、名世之化人、安置二臂如意輪觀

去年七月二十日大風に依り顚倒す

(31ウ)

音堂爲本尊故、助五〻之重厄、罔柄〔炳カ〕焉之利生、依之五厄難男女、仲春初午之日、必全參詣之間、追年無絕、爰本願以來有塔婆、然去文明四年七月廿日、依大風令顚倒」畢、但阿深歎之、憑十方檀那、企建立之大願、乞願都鄙上下、抛小賤助大願者、現世預救世觀音之加被、達心中願望、來世答彼助願功德、恣寶池希樂、仍勸進之趣蓋如件矣、

文明五年卯月　日　　但阿敬白

○第三十二丁〜第三十四丁白紙、

（表紙題簽）
「安位寺殿御自記　六十四・六十三卷」

（表紙、別筆）
「文正元秊八月
大會雜例在之、
要　鈔
御判」

（原表紙、自筆）
文正元秊□
大會雜例在之、
要　鈔
（經覺）
（花押）

（原寸縱二六・〇糎、横二〇・八糎）

○本冊、第二丁～第三十八丁表ニ文正元年八月朔日～十月二十六日ノ日次記ヲ載ス、第七ニ收ム、

維摩會講師次
第抄記
三會定一初

（39オ）

三會定一初

仁明天皇
承和元季　講師壽遠 西大寺 法相宗　六十四
長者左大臣緒嗣（藤原）　別當隆惠律師
同九季　講師壽廣 興福寺 法相宗　六十九
嘉祥元季（二）　講師明詮 元興寺 法相宗　六十一
仁壽元年七月十七日任律師、超五人、同三年任少僧都、貞觀六年二月轉大、同十（×▒▒）年六月二日卒、八十、
齊衡元年　講師道詮 法隆寺 三論宗　住福貴寺、善達因明、
貞觀六年二月十六日任權律師、同十五年三月二日卒、
同二年　講師眞惠 藥師寺 法相宗　五十九　住三松寺、達因明、
貞觀五年　講師賢應 元興寺 法相宗　明詮僧都資、明詮傳云、隨弟子賢應、承和八年爲維摩會竪義者云々、

（39ウ）

同九年〻　十　講師長朗 藥師寺 花嚴宗

同十六年任律師、元慶三年三月三日卒、

承平二年　講師空晴興福寺 法相宗

天慶元年任律師、天暦二年任少僧都、天徳元卒、

天暦六年　講師觀理五十八 東大 三論宗

天徳四任律師、康保二年少僧都、同五年轉大、天延二卒、

天延元（三）年　講師眞喜四十五 興福 法相宗

天元五律師、永延元少僧都、永祚元轉大、延〔正〕厂〔暦〕二權僧正、長徳四轉正、長保二卒、

天元三年　講師仁覺六十一 大安寺 法相宗

永延二年律師、長徳元年少僧都、同三年卒、

（40オ）

寛和〔元〕□年　講師守朝五十三 興福寺 法相宗

正暦三年　講師清範卅一 興福寺 法相宗

長徳四律師、長保元年壬三月廿二日卒、卅八、

長保五年　講師眞興七十 興福寺 法相宗

件眞興年來閑居勸學寺、而長者左丞相（藤原道長）爲果舊願、以六月十六日、被下　講師宣旨、則御自手書寫金

泥新古維摩・旡垢稱兩部經九卷、以十五日引率氏公卿七人并諸大夫等、供養大會、則丁衆并寺僧供料八木三百斛、御誦經料信乃布五百端、七堂各百端、講讀衆各纏頭、并給度者、重以講師被任法橋上人位、以別當權少僧都定澄被任權大僧都、被複〔復〕竪義一人、十六日朝講師議定之間、被下　宣旨於智印大法師、大會光花絕古今、六年春、宮中金光明會〔×▒〕殿上論義御座、被權少僧都〔任脱〕、超於春明・林懷・定好・松橋・昭憲五人也、寂勝會結願日、附會勅使右〔左〕少弁源致、重進上僧都辭表畢、同十月十四日卒、時年七十一矣、

（40ウ）

一乘院賴信

寬德二年　講師賴信（一乘院）興福 法相宗　卅六

權僧正法務、

康平二年　講師永超興福寺 法相宗　九月四日宣、

法隆寺別當、大僧都、

大乘院隆禪

延久五年　講師隆禪（大乘院）興福寺 法相宗　三十六

權別當、大安寺・西大寺・長谷寺別當、法印權大僧都、

寬治元年　講師行賀興福寺 法相宗　四十四

康和元年十二月廿九日任權律師、嘉承二權少僧都、

一乘院覺信

同六年　講師覺信（一乘院）興福寺 法相宗

一乘院玄覺

一乘院覺繼

（41オ）

寛治六年敍法眼、頼尊法印讓、同七年任大僧都、濟尋法印讓、長治二年任木（權）僧正、三會賞、天仁二年轉正、永久四年〔三〕
轉大、春日御讀經導師賞、同年五月兼法務、保安元年〔二〕五月八日卒、五十七、

永久五　講師信永 興福 法相　五十三

保安（×元）天仁三年　講師玄覺（一乘院）興福寺 法相宗

大治元年　講師弘覺 興福寺 法相宗

大僧正、法務、牛車宣、

同四年　講師惠曉 興福寺 法相宗　四十五

保延元 長承三年　講師覺繼（一乘院惠信）興福寺 法相宗

康治元年　講師珎海 東大寺 三論宗

平治元年　講師覺憲（寶積院）興福寺 法相宗

仁安三年　講師藏俊（菩提院）興福寺 法相宗　覺晴弟子、覺信大僧正入室、

嘉應元年　講師弘雅（松林院）興福寺 法相宗　玄修法眼弟子、

（41ウ）

嘉應二年　講師明遍 東大 三輪宗

寛弘四年　講師清春 興福寺 法相宗

件清春依病十月十二日朝辭退、仍十三〔二〕日朝座平超律師、薬師寺、夕座觀照律師、十三日朝座隆心律師、東大寺、夕座林懷律師、十三日戌時持來以快〔扶〕公法橋四十二、可爲講師宣旨、右少弁廣業〔藤原〕奉者、仍五ケ座懃仕、長元四年十月廿一日超七人任僧都、御塔供養任法印、

一乘院覺信

寛治六季　講師法眼覺信〔一乘院〕 興福寺 法相宗

寛治六敍法眼、賴尊法印讓、同七年任大僧都、濟尋法印讓、長治二年任才〔權〕僧正、三會賞、天仁二年轉正、永久四季轉大僧正、春日御塔供養」導師賞、同年五月兼法務、保安元年五月八日卒、五十七、

(42オ)

一永長元年九月廿五日夜、從上階妻室火出來、燒亡金堂・講堂・鐘樓・經藏・四面廻廊・三面僧坊・中門・南大門皆悉拂地了、仍當年維摩會〔於脱カ〕食堂行之、

一永久四、今年講師是寛信也、不參堂、從講師坊於大衆被追出、仍不遂講師、一者不歷竪義、二者舍兄右大弁顯隆〔藤原〕朝臣爲御寺依致惡事也、因之大會不被始行、勅使爲隆〔藤原〕幷僧綱・丁衆・綱所共、立道〔馬〕道數剋、臨丑剋引烈〔列〕參堂、初日朝座法眼隆信、夕座已講覺守、第二日朝座已講清賢、夕座已講隆覺、第三日朝暮兩座覺守、件日十二日戌剋、以東大寺覺嚴可爲講師　長者宣被下了、從第四日覺嚴懃仕也、但以寛信爲准已講、可爲任日之宣旨、十二月晦日被下了、勅使左中弁爲隆依爲寛信舍兄、可有大衆勘責之由聞之、」不會取鉢逃京上、仍以後別當〔一乘院覺信〕致弘、幷會參諸大夫、被行取鉢了、寛信追却之間、

(42ウ)

多事在之、不能具記、

一元永二年研學竪義三人可爲恆例由 長者宣、別當右大弁(左中)爲隆 奉、進上長吏大僧正(一乘院覺信)御房、

一保延五年　講師覺珎興福　法相宗　四十一

件講師依長者殿(藤原忠通)下勘當、不遂後二會、永治二年教覺遂後二會畢、今年三月八日、大衆燒失長吏隆覺法印房追却了、仍今年維广(摩)會、依無探題無竪義、玄嚴・光覺雖給請不遂其業、又依大衆濫吹僧綱不被會參、仍無僧綱入夜被始了、後二會濟圓律師懃仕之、

一久安四年勅使坊番論義無之、別當未補故歟、初日無竪義、自第二日尋範(大乘院)法印蒙仰專寺」探題懃仕之、仍自第二日有竪義、

專寺探題大乘院尋範

(43オ)

一久壽二　講師覺敏東大三論

件年勅使左少弁顯遠(藤原)夜半下向、仍至曉更始朝座、於夕座者次日巳時修之、

一保元二年　講師敏覺東大三論

二年十月五日、權別當法印惠信(一乘院)補別當、令蒙專・他寺探題宣了、雖然依炎治不令出仕大會給、其替惠曉大僧都懃仕兩寺探題、初日朝、上座信實向勅使坊請定、丁衆於客坊被修番論義、正・權別當(密嚴院隆覺)共以不出、只僧綱計也、」

專寺他寺探題一乘院惠信

○第四十三丁裏・第四十四丁白紙、

能登岩井兩河用水引漑を四十八町莊と畑森新莊爭ふ
別會五師寛專四十八町莊百姓の〓を取りて之を決する裁定に異議を唱ふるを支持し再審を請ふ

（45オ）

此兩莊用水は以往より相論に及ぶ題目には非ざるに新莊の新儀申立を許され〓の裁定を下さるは不便なり
百姓申分に謂あり別會方には方策なし

（45ウ）

經覺返事
兩河用水引漑諸莊と四十八町莊との對論の例多し
永享五年一乘院領畑森新莊と四十八町莊相論あり
先規呈出を兩方に命ずるに呈出せざるに依り他莊引漑を決定するを別會五師堯尊

（46オ）

文明四(×年)・六十日、兩河(能登・岩井川)用水事、四十八町(添上郡)与新庄(添上郡)相論事ニ、別會五師狀云、

彼兩河用水事、昨日以御奉書趣、以探可一決由、巨細自明舜房(成身院順宣)被申候間、四十八町百性等ニ其分申付候處、不承引候、只今又幸彼百性等召來之間、御奉書之趣雖申付候、此題目近比不便事候間、企領納難申候、其謂此用水事、自以往不及相論題目之間、可帶支證事、可爲如何樣哉、一向新儀申出處、依新庄之御許容、是非同篇樣被思食、探事被仰出哉、余不便次第候」趣、条〻申上候、有其謂樣存候間、於別會方者無方角候、盡理御下知可目出由、能〻可得御意候、恐〻謹言、

六月十日　寛專(蓮花院)

公文目代御房(多聞院繼舜)
御返報

就兩河用水事、兩通書狀被御覽畢、只今別會五師寛專申狀之趣御迷惑候、或佛聖・神殿(添上郡)、或越田尻(添上郡)・京南(×都)等・(添上郡)寺(對)四十八町相論事、不可勝(計)事候、先近永亨(享)五年別會者堯尊五師候、新庄与四十八町相論候、兩方以外趣樣候、結句自一乘院殿(昭圓)色〻被申」間、先規事兩方へ被仰出候處、一切〔不脫カ〕取進(申)先規候間、○(此儀者)無力余庄へ可被下之由、被仰出候處、

一乘院昭圓に愁訴し昭圓四十八町莊引漑承引の坊官訓貞奉書を呈出せるにより經覺四十八町莊引漑を許可す對論に及ばずと申すは不知案内の申狀なり

文安元年閏六月二十二日神殿莊四十八町莊畑森新莊初反引漑相論し寺務慈恩院兼曉新莊引漑を下知するに神殿莊經覺に愁訴し經覺神殿莊優先を申入れ水文を召返し神殿莊に下す

これも新莊と四十八町莊相論なり

(46ウ)

堯尊參一乘院色〻歎申、今度事、以別儀四十八町ニ可有御許可之由懇望之間、然者以別儀、先今度者可被下四十八丁之由、以訓貞奉書御申間、被下四十八丁了、不及對論事之由申入条、不知案内事候、就中文安元年潤六月廿二日兩河用水事、〇神殿・四十八丁・新庄各(入)初反申文、公文目代(多聞院繼舜)申寺務者、慈恩院兼曉僧正、可給新庄初及由下知之間、則目代成水於(文脫カ)新庄了、然神殿歎申門跡(經覺)之間、付寺務御問答之處、對神殿(者)新庄不可相論在所之由被仰之間、召返水文被下神殿了(文了)、」是も新庄与四十八丁相論条、不能左右候、其外四十八町相論事、不及勘被仰事候處、無對論之儀由申条、以外儀候、〇以下書サズ、」

（表紙題簽）
「安位寺殿御自記　六十四」

（表紙、別筆）
「要鈔

文正二年正月朔日
應仁元年改元、

御判」

（原表紙、自筆）
要鈔

文正二年□〔正〕月朔日
應仁元年改□〔元〕、□〔三〕月五日云々、

（經覺）
（花押）

（原寸縱二五・〇糎、横一六・一糎）

○本冊、第一丁～第三十六丁表ニ文正二年正月朔日～二月三十日ノ日次記ヲ載ス、第七ニ収ム、

天河辯才天寶殿造替勸進狀草案

(37オ)

勸進沙門秀海敬白

請殊蒙十方檀那恩助而

造替和州天河大辨〔辯〕才天女

御寶殿令一切衆生二世悉

地

勸進沙門秀海敬白

(37ウ)

請殊蒙十方檀那

勸進沙門秀海敬白

請殊蒙十方檀那恩助而

造替天河大弁才天女

(38オ)

勸進沙門秀海敬白

勸進沙門秀海

都鄙奇事

鹿園寺邊に妖怪囃子物を奏す

日蝕

愛宕火く

東軍西軍を攻む

黒虹吹

夕日の中より虹吹く

春日社殿後邊より虹吹く

（38ウ）

文正二季丁亥都鄙希事

一文正二年正月比、北山鹿苑寺邊ニテ夜々妖物林物(囃子)ヲス、ハヤス詞ニハ、所ハ焼タリ、頸ハカヽリタリ、林手是一云□(々)、

一文正二季三月五日改應仁元、三月廿三日日蝕在之事

（39オ）

一同四月八日阿太古(愛宕)焼事

一同五月(×六)廿六日京都破事

一同六月中旬欤、日限重可尋、黒蝕(虹カ)吹云々、宇治知恩院隆増僧正分明ニ見之、ニホ井ハ青カリケリト云々、

一同六月廿六日夕日ノ中ヨリ虹吹云々、一条(兼良)大閤・前殿(一條教房)様被御覧了、

一七月十一日春日御殿後ヨリ虹吹事

（39ウ）

免

百文四月廿日新持來、　百文同廿三日使伊勢、

○左ノ插紙、東京大學史料編纂所所藏謄寫本ニ據リテ掲グ、

維摩會他寺探題條々

他寺御探題条々

奉幣

一着御裝束之後、爲東向御四間御奉幣、役人房僧、法服、役送侍鈍色・裳、指貫、

短尺箱取出

一臨御出之期、短尺箱自鳥居障子從僧取出テ、自目隱刻階侍ニ令交替之、

夜陰出仕次第

一夜陰御出仕次第、先白杖侍、次短尺箱持侍、次中綱六人、二行、次大童子四人、二行、次從僧六人、二行、次御出、次威儀僧等、左僧綱以下、右三綱・々所等、中童子・法師原等、

竪者參仕

一夕座畢後、竪者參□(仕カ)、不被改御裝束御待也、探題御座横座、在円座、竪者座・小中座□中次從僧、

短尺箱返進

一短尺箱侍返進之、□侍等身衣・指貫、請取之、自日隱間取上之、入□鳥居障子机上ニ置之、但弘安十年以後者、役人出自格子遣戸、於中門内切妻請取之、則入自格子遣戸東向南間ヨリ入テ、御四間机上ニ置之、曆應ニモ於中門切妻請取之、

康應元年維摩會他寺探題大乘院孝尋從僧

一康應元年從僧役宛憲実法眼御幣役、・懐実法橋短尺箱取出役、・(藥師院)敎秀寺主草座役、・(十輪院)玄円寺主御沓役、・懐覺寺主香呂箱役、・(成就院)清尋、居箱役、○以下書サズ、

（表紙題簽）

「安位寺殿御自記　六十七」

（表紙、別筆）

「應仁二年正月

要鈔

朔□（日）」

（原表紙、自筆）

應仁二年正月朔日

要鈔

鎌倉道宿事

初論句事　寂勝

（原寸縦二五・〇糎、横一八・八糎）

○左邊闕損ス、

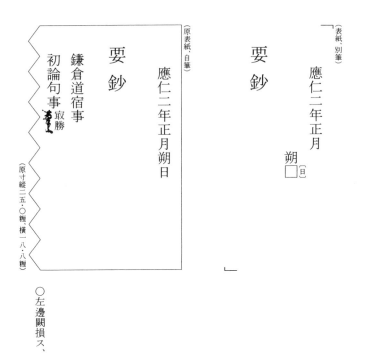

○本冊、第一丁～第二十六丁ニ應仁二年正月朔日～二月二十九日ノ日次記ヲ載ス、第七二收ム、

應仁二年十二月十五日節分　(27ウ)

應仁二季十二月十五日節分也、

勤行次第

□〔勤〕行事

□□〔荒神〕呪・普賢延命呪・藥師呪・三身合行呪各千反、

十一面大呪・火界呪各万反、一字金輪百反、心經十二卷、又千卷〔心經〕、妙覺心地祭文、水屋

水屋社鈎

鈎五人分、先〔九條政忠〕内府様・予・片山・松若・小入道、

」

京都鎌倉間宿驛次第　(28オ)

自京都至鎌倉宿次第

大津《オホツ》三里　勢多《セタ》五十丁　野路《ノチ》二里　守山《モリヤマ》〔三カ〕□里

鏡《カヽミ》二里　武佐《ムサ》一里　愛智川《エチカワ》一里　四十九院二里

小野《ヲノ》五十丁　馬場《ハンハ》五十丁　佐目伽井《サメカキ》五十丁　柏原《カシハハラ》（脫アルカ）

居增《キマス》一里　山中《ヤマナカ》五十丁美乃國　垂井《タルキ》二里　赤坂《アカサカ》三里

墨俣《スノマタ》五十丁　黑田三里尾州　折戸《ヲリト》二里　萱津《カイツ》三里

（28ウ）

熱田《アツタ》(〆多)五十丁　鳴海《ナルミ》十五丁　沓懸《クツカケ》五十丁　八橋《ヤツハシ》二里三河國
・矢波木《ヤハキ》□□〔二里カ〕　作岡《ツクリヲカ》五十丁　山中《ヤマナカ》五十丁　赤坂《アカサカ》二里
渡津《トツ》一里　今橋《イマハシ》五六里　橋本《ハシモト》五里近江國(マヽ)〔遠〕　疋馬《ヒキムマ》二里
池田《イケタ》五十丁　國府《コウ》二里　袋井《エヰ》二里　懸河《カケカハ》三里
西坂《ニシサカ》五十丁　菊川《キクカハ》一里　鎌塚《カマツカ》五十丁　嶋田《シマタ》五十丁駿河國
前嶋《サキシマ》一里　藤枝《フチエ》二里　岡部《ヲカヘ》五十丁　漏利子《マリコ》一里
手越《テコシ》一里　國府《コウ》一里　瀨無川《せナカハ》二里　高橋《タカハシ》一里
興津《コウツ》二里　湯井《ユヰ》一里　蒲原《カンハラ》五十丁　車返《クルマカエシ》五十丁
三嶋《ミシマ》五里　葦河《アシカハ》(脱アルカ)　湯本《ユモト》五十丁相州　酒句《シユク》〔匂カ〕一里
郡水《コホリミツ》二里　志保見《シホミ》(脱アルカ)　平塚《ヒラツカ》二里　懐嶋《フトコロシマ》三里
鎌倉

以上百廿里、自京大津へ加三里定、

（29オ）

寂勝講
夫今御願者　初問御論句

最勝講初問論句

鳳闕鸞殿裏　准鷲鷺之高才
青瑣紫宮間　講金光之妙典
誠是
天下無双之法會　宮中第一之齋席者歟、
抑
講匠則天台之珠玉
久顯琢磨於四宗判斷之席
問者又法相之泥沙
猶恥讃仰於五重習學之窓
猥當十座之初問　愁驚兩帖之上才

(29ウ)

足利義滿筆最勝講初問論句

室町殿(足利義滿)筆御講初問御論句　明德御講歟、
夫今講肆者
掖庭左相府(義滿)之至孝也、

始祖之追賁《フン》尤龎

天位當帝主之勅會也、

明君之息請特《コトニ》勝タリ、

因玆

百梁之構　新畢ハ成風之功

一廊之薗《カコヒ》　此《コ、ニ》駐《ト、ム》　惠日之照

良以

□武歷世之運　報漆（マヽ）德而有餘

將相三代之治　路高位而益昇

御願鄭重　法會周備

（30オ）

抑广（應）理

講匠台宗之龍燭　赫明才於論場

問者法相之螢耀（燿）　接《マシウ》微陰於講席

苟當講論之初座　僅擧疑程之一美許欤、

今度自〔宗カ〕□問答一座講師円守（東院）問者實雅大法師（松林院）

（松林院）長懐欤、

問應理ト予直了、

○第三十丁裏白紙、

（表紙題簽）
「安位寺殿御自記　六十八」

（表紙、別筆）
「應仁二季三月朔日
要鈔
御判」

（原表紙、自筆）
應仁二季三月朔日
要鈔
（經覺）（花押）

（原寸縱二四・〇糎、横二〇・〇糎）

○上部破損ス、

○本冊、第一丁～第三十一丁ニ應仁二年三月朔日～七月四日ノ日次記ヲ載ス、第七ニ收ム、

經覺書狀書止し

所藏の太平記を貸與されたし

避難き方より依賴さる

(32ウ)

無差事候間、久不申承候、所存之外候、老情近日無正躰之間、慥(マヽ)然之式候、可有御察候、抑雖不思寄事候、太平記御所持分借〔貸〕賜候ハヽ、可悅入候、自去難方申子細候間、乍憚令申候、無相違恩許候者、可爲本望也、」

（一乘院教玄、經覺ニ、西南院光淳所藏太平記借用ヲ請フコト、本記文明三年八月十九日ノ條ニ、太平記十九帖ヲ教玄ニ貸與スルコト、同月二十一日・二十三日ノ條ニ見ユ、）

應仁二年七月瓜到來分

(36オ)

當年瓜到來分广(應)仁二年七月

幸德井(友幸)一荷　長鞆〔柄〕(廣繼)南一荷

己心寺(澄善)山城瓜五十、　內山中院(道秀)一荷

因幡(福智院〓舜)一荷　明王院(英算)一荷二籠、

普賢院(〓弘)十五副一獻、　古市高田(胤榮)瓜一盆三十、」

「（表紙題簽）安位寺殿御自記　四十三卷」

（原表紙、自筆）
寛正二年正月朔日
要鈔
（經覺）（花押）
（原寸縱二四・六糎、横一九・〇糎）

○本冊、第一丁〜第四十六丁表ニ寛正二年正月一日ヨリ二月二十四日ニ至ル日次記ヲ載ス、第五ニ收ム、又第四十七丁表〜第五十四丁裏ニ文安二年ヨリ同六年ニ至ル抄記ヲ載ス、第二ニ收ム、

連歌新式奥書

（56オ）

此新式事、爲滿山所望之由、傳執行弘賢（長谷寺）申之間、云不堪云老眼、雖可有子細、且恐鎭

守聖願之冥睠〔見〕、且勵大聖揭〔渇〕仰之老心、所書能〔興〕也、

應仁二季五月十八日

浮雲老翁桑門〔經覺〕（花押）

七十四歳

」

（56ウ）

新式書之析紙ノタケ四尺五寸、ヒロサ一尺三寸五分、金尺、タテイ十六ニ段、紙數四枚、

此内一枚ニ、自韻字事可陶三句物マテ書之、鳥獸如此、動物（マヽ）

又二ノ析紙ニ、五句ヲ可陶物ヨリ眞木柱眞木方ニ至マテ、

又三ノ析紙ニ、眞木ノ木ノ字ヲ嫌木文字ヨリ、新追加ノ本哥事、堀河院兩度百首作者まて、

又四枚目ノ縱雖入近代之集、可取本哥（マヽ）

」

○第五十七丁白紙、

（58オ）

一假令山ニある關ハ山類ニ嫌へし、海ニある關ハ水邊可嫌、他准之、

款冬　款冬

連謌新式事、

連哥　連謌

(58ウ)

一韻字事、

物の名と朝夕の字同之、

詞字と是を他准之、不可嫌、物の名者物の名と打越於可嫌、詞の字、つゝ、けり、かな、らむ、

して、如此類打越於(マヽ)

一輪廻事、薫物ト云句ニ、

(59オ)

一座三句物、

花　世五文世、尺教世、ゝ中、　故郷

旅一　名所一

一座四句物、　藤ハ草なり、

在明四季可在之、　款冬

戀一　世一　躑躅ハ木なり、

(59ウ)

天筆和合樂可分別、

壽福増長事

連謌新式韻字事

一韻字事、つゝ、けり、

連謌新式可分別、

一一座二句物、

(長谷寺執行弘賢、連歌新式執筆ヲ請フコト、本記應仁二年二月十六日ノ條ニ、書キ終ルコト、同年五月十七日ノ條ニ、弘賢、書狀ヲ呈シテ、榼一雙・麵十五束・錢二貫文ヲ進メ禮謝スルコト、同月二十六日ノ條ニ見ユ、)

」

寛正三年正月抄記

(60オ)

寛正三年正月

朔日、

一鏡一面・榼一・混〔昆〕布・大根等縁舜法眼、

一鏡一面實盛、

一榼一双・鏡一・白壁一合清賢法橋、(成就院)

二日、

一柿二連・火箸二前弥五郎、綿二十目、

一矢根五・火箸二前鍛冶、綿二十目、

一油物少々兵衛四郎、

四日、

(60ウ)
一一瓶・円鏡一面香舜(珍藏院慶英)賜之、

一圓鏡一面・茶一種自己心寺(澄善)賜之、

一圓鏡一面極樂坊(元順)給之、

五日、

一円鏡一・油物五祐識(辰市)給之、

一混(昆)布・綱二本等有舜(良宣)賜之、

一湯帷・髪剃布御後見(成就院清賢)進之、

○第六十一丁表白紙、

(61ウ)
云不堪云老筆、弥可爲見苦敷之間、雖可斟酌事也、滿山所望難默止之間、所書能(與)也、

浮雲一叟無染(經覺)(花押)

春秋七十四歲

（表紙題簽）

「安位寺殿御自記　七十一巻」

（表紙、別筆）

「文明二年庚寅正月日

要鈔

御判」

（原表紙、自筆）

文明二年庚寅正月朔日

要鈔

（経覚）
（花押）

（原寸縦二五・五糎、横一八・八糎）

○本册、第二丁～第五十一丁表ニ文明二年正月朔日～五月二十九日ノ日次記ヲ載ス、第八ニ收ム、

（1オ）

夫莊内辨莊所出分

夫庄内弁庄（葛下郡）所出事

春成秋成

春成貳石　秋成貳石

瓜用途

七月七日瓜用途百文

代錢納

又代物ニ依テ

春成一貫二百文　秋成一貫三百文

秋杣

又地下ニテ秋杣ノトキ百文フルマイ、

一乘院領平田庄

一平田庄（廣瀬郡・葛下郡）ノコトク地下ヨリ免ヲ遣ナリ、

注進分引付之、

○第一丁裏白紙、

（表紙題簽）
「安位寺殿御自記　七十三巻」

（表紙、別筆）
「文安三年寅欤
文明二庚寅年（大乗院）隆範謹考之、
要鈔
御判」

（原表紙、自筆）
□季寅七月
要鈔
（經覺）（花押）
（原寸縦二七・〇糎、横二〇・八糎）

○本冊、第二丁〜第四十九丁ニ文明二年七月朔日〜九月十六日ノ日次記ヲ載ス、第八ニ收ム、

文明二年春日社法華八講第二反論匠所望者　（1オ）

當年御八講第二反所望躰

英照 實淨房、自門跡（尋尊）被申、　実乘 堯光房、定清口入、（發心院）

俊乘 行信房、定清口入、　光弘 禪良房、定清・慶英兩人、（珍藏院）

英慶 淨光房、定清口入、　良淸 淨禪房、定清口入、

慶英 香舜房、　覺專 源春房、筑前（長田家則）口入、

初反論匠所望者

初反

融算 長源房、　俊藝 陽信房、

法華會竪義得請者　（1ウ）

法花會得請事

定乘 榮學房、　經禪（安養院） 了空房、

當本云〻、

乘盛 源松房、操出分、　泰尊（奥發志院） 榮賢房、御房分、

塔坊(超昇寺唐坊憲弘)名字追可尋、探題分、
政覺二石分、　信承弁公、　空覺大(太)政大臣、北院、

春日社八講季行事

御八講季行事
永秀法印(阿彌陀院)琳舜房、　源英僧都(慈明坊)谷坊、
胤清僧都(寶藏院)順禪房、　成懷律師長願房、
寛尊律師(大轉經院)陽春房、　良勝已講(蓮性院)興基、」

條々事書

經覺對馬公覺朝畑經胤木阿彌に料所經營を命ず

三名連判にて借用し公用充足すべし

公平無私の運用を誓約すべし

(50ウ)

条々

一寺領事、對馬(覺朝)・畑(經胤)・木阿令會合、云給人、云公用、令詮略可配分事、
一公用事、彼等以連判致借下等、不事闕様ニ可沙汰事、
一依去年御斩所依(衍)無足、既及難義間、及此沙汰上者、面々受身大事、本公平不顧私可致沙汰旨、可書嚴重告文事、

諸料所の收入を質として借用し經費に充つべしその例

一日〻御米事、根本一大事上者、龍門〇以下書サズ、

(51オ)

松南院（十市郡）領・龍蓋（高市郡）等以此足致借下、不闕本様可沙汰事、

粳概先假令

二月龍門（吉野郡）公用　　三月松南院領借米

四月龍蓋借下

五月松南院領借米

六月油免（越前坂井郡坪江郷）年貢

七月龍門公用借下

〇料紙餘白アリ、

（表紙題簽）
「安位寺殿御自記　七十七巻」

（表紙、別筆）
「文明三季七月朔日
第四度寺務
要　鈔
御判」

（原表紙、自筆）
文明三季七月朔日
第四度寺務中
要　鈔
（經覺）
（花押）
（原寸縦二五・〇糎、横一八・五糎）

○本册、第二丁～第七十九丁表ニ文明三年七月朔日～九月二十九日ノ日次記ヲ載ス、第九ニ收ム、

畑經胤奉書案
炎旱祈雨最勝圖繪供養の衣絹料は康正三年尋尊寺務時心落により下行せるも長祿二年には後例となるを虞れ下行せず

（82オ）

就炎旱儀、㝡勝圖繪可被沙汰候、就其御衣絹事、去年度□〔々〕雖被申候、大乘院殿（尋尊）御寺務之時、康正三年六月八日㝡勝圖繪時、以心落之儀御沙汰候間、長祿二年六月十二日㝡勝圖繪御衣絹事、又雖被申、以前以心落之儀御沙汰了、今度御沙汰候者、爲後々不可然由御問答候て、終無御沙汰之由、被記置候歟、」近□〔來カ〕事上者、定被存知歟、縦又雖可有御沙汰事候、他國寺領雖爲一所無々爲之儀候間、難有御沙汰事、況依非寺家御役、長祿二年無御沙汰上者、非寺家御役之条眼前事哉之由、可令披露集會給候也、恐々謹言、

衣絹料は寺務の役に非ず

（82ウ）

（文明四年）四月廿三日　（畑）經胤

供目代御房（賢聖院興弘）

畑經胤奉書案

（83オ）

㝡勝圖繪御衣絹事、去年度々雖被申候、大乘院殿御寺務」康正三年六□〔月〕八日、㝡□〔勝〕圖繪時、以御心落之儀御沙汰候間、可□□□□〔有御沙汰カ〕由、長祿二年六月十二日、雖被□□〔申候カ〕、□〔今

□〔度カ〕御沙汰候者、爲後々可爲芳〔傍〕例歟之間、色々雖被申候、終無御沙汰之旨被記置候、近來事候間、定被存知歟、縱又雖可□〔有〕御沙汰事候、他國之寺領悉以無正躰間、難有御沙汰候、況依非寺家御役、長祿二年無御沙汰上者、只今以同篇候由、可令披露集會給旨□□□〔被仰下カ〕候也、恐々謹言、

（文明四年）四月廿三□〔日〕　胤

供目代御房

」

○第八十三丁裏～第八十五丁白紙、

（表紙題簽）「安位寺殿御自記　七十八巻」

（原表紙、自筆）

文明三季十月朔日

要鈔

（經覺）（花押）

（原寸縦二四・五糎、横一八・五糎）

○本冊、第二丁～第十六丁表ニ文明三年十月朔日～十二月二十五日ノ日次記、第十七丁～第十九丁ニ文明四年三月十四日～二十一日ノ日次記ヲ載ス、第九ニ収ム、

大川用水事

（22オ）

文明四年五月四日、大河用水事、所司田ニ配分之處、兼乗（二條）権寺主水事加下知子細在之

権寺主二條兼乗知行田引漑につき間水と大童子知行分混亂するにより先規を三綱に問ふ
寺主福智院弉舜先規一紙注進す
所司田用水先規
五段知行者五箇日五箇夜
大童子は間水一日一夜引漑す

間、當知行分者、三段ニテモ五反ニテモ可取處、一日一夜分去出、又間水ニ欲取之間、先規樣令問答之處、大童子知行分ニ令混亂、押而買躰取之由訴申間、先規之樣相尋三綱等處、弉舜(福智院)先規分一紙令注進之間、爲後〻寫置之、」

(22ウ)

所司田用水事、木守川、三綱五段知行仁ハ五ケ日同五ケ夜、或四反令知行ハ四ケ日同四ケ夜、三段知行者三ケ日同三ケ夜、引漑之者先例候、間水者三綱人別一日一夜大童子取之例也、不及申入寺家、公文目代泰尊(繼舜)法橋令問答春辰之處、承諾領狀申了、依知行之田數、

(23オ)

何ケ日夜モ引漑之、間ノ水、一日一夜ツヽ」可取之樣ニ公文目代令下知了、

○料紙餘白アリ、第二十三丁裏〜第二十四丁白紙、

（表紙題簽）
「安位寺殿御自記　八十二卷止」

（原表紙、自筆）

文明四季六月十六日 要鈔　第四度寺務中也、 （經覺）（花押）

（原寸縱二五・八糎、横一六・〇糎）

○本册、第一丁～第四十六丁ニ文明四年六月十六日～九月十日ノ日次記ヲ載ス、第九ニ收ム、

○第二十四丁・第二十五丁ノ間ニ插ム、

（插紙）
「

維摩會方申請
調度注文

大會方可申出分

一御中童子裝束二具、
　　此内一具ハ舜宗方ヨリ、
　同金腰四、此内二ハ装束ニ付候テアリ、一不返三參、
　同コハリシタ袴四流、
一御簾アリタケ、
一香直垂五具、
一御屏風一双半、
一御銚子幷提
一高燈臺二本、
一御草鞋
一御座具
一御柄香呂
一御草座
一長櫃一合
一三衣袋

一御唐笠袋

一御水瓶并楾手洗

一御手輿并御四方輿綱等用具、

一大文二帖　少文十三帖、　紫縁一帖、　」

解　題

一　書名と構成

本書は大乗院第十八世門跡経覚の日記で、自筆原本八十二冊が特別行政法人国立公文書館に「安位寺殿御自記　大八二　古一九　三五九ィ」の書名・架番号で架蔵されている。

内訳は、応永二十二年（一四一五）から文明四年（一四七二）に至る日次記六十六冊と別記十六冊から成るが、この内第五十二は、長禄三年（一四五九）十一月十一日から十七日に至る大乗院尋尊の日次記で、これを除いた。

書名は、法号・隠居号に由来する「後五大院殿記」「安位寺殿御自記」とも呼ばれるが、今はその名によって「経覚私要鈔」の称を用いた。

収載の構成は、まず日次記を年次順に収め、次いで別記を架蔵冊数順に、後付・挿紙を大凡年次順に収めた。日次記の内、第四十三は寛正二年（一四六一）正月朔日から二月二十四日まで、第四十四は二月十六日から三月二十九日まで、第四十五は二月十七日から三月二十三日前半まで記し、第四十六の三月二十三日後半に書継ぎ、二月〜三月に重複期間が存する。第四十四の巻頭に、第五十四の長禄四年（一四六〇）十一月十二日条に記載されている足利義政の寺務再任執奏許諾の記事と、宣下許可を通知する日野勝光奉書を記し、第五十四では虫損によって読取れない室町第への礼参と用途千疋・糸巻一振進上の記事を掲げている。随って三度目の寺務就任時の状況を詳記した別記の観を呈するが、内容は第四十五を補うので、日次記として掲載した。また第四他寺探題日記に合綴した、経覚が文明二年（一四七〇）十一月十八日始行の維摩会の参考として大乗院門跡より借用書写した先師孝円自筆の応永四年（一三九七）十一月二十日始行維摩会他寺探題日記は、そのまま収録した。

二　伝　来

文明五年（一四七三）八月二十七日経覚が歿すると、尋尊は九月九日経覚の日記「後五大院殿記」八十三帖を古市迎福寺より取寄せ目録を作成し、その詞書に「自文安二年九月十三日夜以前御記、右大略鬼薗山城焼失了、自同冬御座安位寺以來分也、」と記し、八十三帖の年次別帖数を掲げている。尋尊が目録作成に当り参考としたのは、第四十三の巻頭に記した「愚記事、文安以前分ハ於禪定院焼失時失散了、文安自二年分在之、文安二年九月十四日卯剋、菊薗山城令自焼没落畢、」の記載と、第三十一後付の「文安五帖　寶徳七帖　享徳六帖　康正五帖　長祿十二帖　寛正十六帖　文正二帖」及び第六十四原表紙裏の「文安九帖　寶徳九帖　享徳七帖　康正七帖　長祿十三帖　寛正十六帖」というメモである。このメモと対比しながら現存の文安六帖・宝徳八帖・享徳六帖・康正四帖・長禄九帖・寛正二十六帖・文正二帖・応仁八帖・文明十六帖（文明四年自六月至九月一帖まで）の八十五帖を列記している。尋尊は「合八十三帖」と記しているが、長禄三年の「三月御八講事二帖」という誤記と考えられる部分も見られ、誤差が生じたのであろう。この目録は、尋尊の作った経覚の年譜「後五大院御傳」（架番号大一　古二四　四二三）に付属した。

永享十年（一四三八）四月二十一日の禁裏舞御覧の際の伶人下行物不納により、足利義教の勘気を蒙り門跡を停廃され宝寿寺に隠居した経覚は、義教歿後嘉吉元年（一四四一）十月三宝院義賢の斡旋により幕府の免除を得て、十一月十五日禅定院に入り、若年の門主尋尊の指南として院務を管掌した。嘉吉三年（一四四三）九月成身院光宣と対立抗争、文安元年（一四四四）六月禅定院の裏山鬼薗山に城を構え入城したが、筒井勢に敗れ、九月十三日城を焼き、安位寺に入り、隠居分に戻り安位寺と称した。この時文安二年（一四四五）以前の記録を失ったのである。

尋尊が引取った八十三帖は、門跡の文庫に収納保存されたが、本書の現況とは著しい差異がある。最大の相違点は、第五応永二十二年十月～十二月・第六応永二十四年七月・第十二永享二年五月・第十一永享八年十月～十二月、第十四嘉吉三年四月～六月・第十五嘉吉四年（改元文安）正月～三月の日次記五冊と、第七応永二十八年要捨類集録・第八応永二十七年～三十年八朔礼引付・第十応永三十一年八朔礼引付・第十三永享七年興福寺僧綱補任の別記四冊が加わっていることである。その理由は明らかでないが、経覚が失った記録が他所に保存され、大乗院に返還されたものであろう。

文庫に保存された記録は、年月を経て朽損・虫損による原表紙の離脱、冊子の分散などの破損が進行し、諸所に復原・年代推定の跡が見受けられる。第六十六の別筆表紙には「年号・不知・广仁元歟」という異筆三筆が記され、応仁元年記と推定するまでの経過を窺わせる。また第七十三の原表紙に「□季寅七月」とあるのに対して、「文安三年寅歟、（異筆）「文明二庚寅年隆範謹考之、」」と書した表紙が付されている。これは某人が表紙を付し文安三年寅年と推定したのに対して、隆範が文明二年寅年と訂正したものである。隆範は第二十八世門跡であるが、寺社雑事記第六・第十一・第十二の奥に「右後大慈三昧院殿尋—尊御自記也、後世可大切者也、享和第二暦壬戌九月日　前大僧正隆範識之（花押）」と誌し、文庫内の歴代門主記録の整理に意を注いでいたことが知られ、第七十三の年代推定も此頃のものと考えられる。

このように、日記・別記・部類記の別を問わず年代順に並べようとした苦心が窺われるのであるが、破損の甚だしさにより、大乗院寺社雑事記一冊を混入したまま八十二冊が大乗院門跡松園氏（明治二年改号）に伝えられ、明治二十一年（一八八八）十一月三十日「奈良大乗院古記録」の一部として内閣文庫に購入されたのである。尚、本書の謄写本十九冊が東京大学史料編纂所に架蔵されている。

三　他所所蔵記録との関連

管見に触れた他所所蔵経覚自筆記録が四点存在する。

一は、お茶の水図書館所蔵の『成簣堂文庫大乗院文書』所収の「注置鈔一冊」である。内容は応永十八年（一四一一）五月一日から七月七日に至る日次記であるが、既に荻野三七彦氏が述べておられるように（『お茶の水図書館所蔵「大乗院文書」の解題的研究と目録』上）、筆跡の類似、原表紙の花押が初期の応永二十四年第六続類鈔原表紙花押に酷似していること、また経覚が応永十八年十月に遂業した法華会竪義の請定写の記載等の諸点から、その自筆日記である。経覚は、十五歳の応永十七年（一四一〇）十一月十六日に院務始を行なっているから、ごく初期の院務記と言えよう。記事は、大乗院家相承の春日社白河院御願一切経料所越前河口庄及び春日社後深草院御願二季三十講料所同国坪江郷庄務検校職としての政所職・代官職の任免以下諸事管掌、大乗院門主として寺務法雲院実照・南都伝奏裏松重光・学侶・六方衆・諸講講衆等との交渉、大乗院家坊人衆徒鞆田重円・丹後庄舜英・辻子舜朝・瓜生某・北院某及び同坊人国民楊本範遠・小林宗光の十ケ夜番勤仕等多岐に亘っているが、日付・天候のみで記事の無い日が五月に十五箇日・六月十六箇日・七月六箇日を数える。この記は部分的に『大日本史料』第七編之十五　年末雑載仏事・荘園・所領、に収載されている。

二は、東京大学文学部所蔵の『大乗院経覚日記目録断簡』である。この目録は応永二十七年の具注暦断簡三紙の紙背に記されたもので、応永二十一年二月（前闕）から翌二十二年十月（後闕）までの日記の目録である。その体裁は第三十七・第三十八の巻頭の目録と同じである。この内二十一年には「五月六月七月八月不記之、」、二十二年には「六月七月八月九月不記之、」と記し、四箇月宛書かれなかったことを示している。また第一紙に「第四巻九月」、第二紙に「第五巻　應永廿二年」と記され、日記の巻別の区分を示している。記事は仏生会・法華会等法会、諸種講問、花園郷等院領支配、内山永久寺・菩提山正暦寺等末寺検断が記され、寺内外の状況を窺える（『興福寺旧蔵史料所在調査・目録作成および研究』所収「東京大学文学部所蔵興福寺大乗院関係史料について」に影印・翻刻を載せ、詳細な考証が為されている）。

三は、興福寺所蔵の『応永三十四年春日社御八講記』である。この記録は応永三十四年五月二十四日から二十八日迄行なわれた春日社法華八講に寺務（初度）として出仕した経覚が、法会の状況を論匠治定の八日から結願の二十八日まで克明に記した別記である。この別記は、本書中の別記類と同様経覚の手許に在るべきものであるが、経覚が先師孝円の別記を大乗院門跡から借り出したように、法華八講の参考とするため本寺に貸し出したものと考えられる。本寺には現在も各院に在るべき別記類が多く所蔵されている。安田次郎氏は、経覚の日記の考証で『大乗院寺社雑事記』長禄三年三月三日条の記事について、尋尊は経覚の日記を容易に見ることはできなかったが「まったく見ていなかったかというと、若干の疑点がある」と、見た可能性のあることを指摘されている（「尋尊と『大乗院寺社雑事記』『日記に中世を読む』

所収）。その記事は「本承仕一﨟円実願専申、八講初日寺務盃酌事、一﨟致其沙汰旨申入之、則應永卅四年安位寺殿御出仕之時、此分致沙汰云々、以外ノ虚言、彼御記ニハ、膳以下丼盃酌事、一向坊僧ノ役ナリ、云膳云鳥口、自本承仕之手坊官請取之テ、令進上者也、今度事可爲彼例旨仰付了、」とあり、尋尊は経覚の御八講記の例をあげ、本承仕の申入れを却下したのである。この『御八講記』の初日の記事に「廿四日辛亥、天晴、辰剋本承仕妙願、付衣・袴、申案内□則出仕、予鈍色・表袴、平ケサ・○中略次承仕居懸盤、○中略饗以下悉居之後進鳥口、房官清祐自東西ノ第二間參テ、自承仕手請取進畢、三獻事了出膳了、房官寛清出之、」とみえ、尋尊の記事と一致する。「彼御記」はこの『御八講記』を指すと考えられる。経覚から本寺に貸したものを尋尊が参考とするため閲覧したのであろう。ちなみに、尋尊は日次記に八講出仕の様相を詳細に記しているが、別に『春日八講出仕条々引付』を作成し、正月二十九日の季行事順清任権律師宣旨から三月八日の結日までを記録し、これが本寺に所蔵されている。

四は、興福寺所蔵『嘉吉三年十二月十三日方廣會竪義條々』である。これは嘉吉三年十二月十三日尋尊が方広会竪義を遂業した際の、十一月二十一日精義修南院仲暁（光憲）任命、十二月十一日尋尊加行、十三日竪義遂業までを、当時禅定院に居し尋尊の後見をしていた経覚が記録したものである。八講記と同様の事情で本寺に蔵されていたと考えられる。

一・二は日次記で、文安二年以前に経覚の手許から離れ、三・四は生存中に本寺に貸出したのであるが、共に本書の闕を補うものである。

四　内　容

経覚は応永二年（一三九五）十一月六日前関白九条経教の第十一子として誕生。母は大谷本願寺第五代綽如の女正林（法名）で、九条経教祗候女房按察局（法名妙観）の侍女である（木越祐馨「戦国期記録編年をめぐる若干の問題」『大系真宗史料文書記録編5戦国期記録編年』）。応永十四年（一四〇七）十二月二十九日出家して実兄大乗院孝円の弟子となり、同十七年（一四一〇）十一月十六日大乗院門主となった。以後文明五年（一四七三）八月二十七日七十九歳で歿するまで、㈠将軍足利義教・三宝院満済等の知遇を得た門主時代、㈡永享十年（一四三八）義教の逆鱗に触れ門主を停廃された末寺逼塞時代、㈢嘉吉元年（一四四一）幕府の免除を得た禅定院後見時代、㈣文安二年（一四四五）安位寺に入り安位寺と称した隠居時代（この時期に、寛正二年二月二十三日～同四年六月九日、応仁三年三月三十日～文明五年八月二十六日の二度の寺務在任がある）という波瀾に富んだ人生を送った。したがって日記の原題名・花押に変化がみられる。

原題名をみると、門主時代には第六応永二十四年七月続類鈔第十四秋部・第十一永享八年十月後鏡鈔冬部九十八、門主後見時代には第十五嘉吉四年正月春部第二十九と題し、第十六文安四年十二月以後は要鈔・要記・雑記等と題している。後鏡鈔の時代は得意の時期であろうか。第六十二寛正六年の陋巷浮雲記は失意の心境を現わしたものであろう。尚、第十四嘉吉三年四月記の原題名「□夏部」の虫損部分は「後鏡鈔」であろう。

花押は第六応永二十四年の〔花押A〕・第七応永二十八年の〔花押B〕・第十七文安三年の〔花押C〕等がみられ、第十三永享七年三月以降は大概〔花押D〕が用いられている。これに先駆けて応永十八年注置鈔の〔花押〕がみられるのである。日記の余白の諸所に自署・〔花押D〕の習書がみられる。

〔花押A〕

〔花押B〕

〔花押C〕

〔花押D〕

応永十八年
注置抄

日記の内容は多岐に亘るが、まず寺務の業務があげられる。四箇度の寺務在任期間の中、初度（応永三十三年二月七日～同三十五年三月二十二日）・第二度（永享三年八月二十四日～同七年十二月二十六日）は日記が現存しないが、第三度（寛正二年二月二十二日～同四年六月九日）・第四度（応仁三年三月三十日～文明五年八月二十六日）はほぼ完全に残っている。第三度は自ら将軍義政に懇願して宣下を得、第四度は高齢・老耄を理由に辞退したにも拘わらず現時他に適任者なしと押宣下によって任命されたという相違点はあるが、役僧の人事、法会等に関する学侶等との交渉、寺領支配など寺院運営の状況を子細に記録している。また文安二年の鬼薗山城籠城にみられるように、自ら衆徒・国民等の抗争に関与し、古市・越智方として筒井方に対抗、延いては西軍に加担することになり、東西両軍の合戦・京都市街の焼亡の状況などを実説・風説を交えて詳しく記録している。取り分け尋尊から付与された隠居料所の存在する越前と河上関を設置した隣国河内の動静の記述は多く、両国の守護斯波・畠山両氏の内紛に関する記述も多い。要人との交際も巧みで、三宝院満済及び後継者義賢とは上洛の度に訪問し連歌興行など親密な関係を結び、幕府への執り成しも依頼している。一説には師弟の間柄と言われる母の実家本願寺第八代蓮如（兼寿）とは親戚として親密に交際し記事も多い。本書の最終記事が「自本願寺有書状、遣返報了、」であることも象徴的である。尋尊の父一条兼良と尋尊入室以来厚誼をもったが、応仁二年兼良が乱を避けて南都に下向し、禅定院内成就院に寓居してからは度々表敬訪問し、共に連歌を張行するなど親密な交流を続けた。門主尋尊は前門主経覚とは微妙な間柄で、互いに協力事に当ったことも多かったが、尋尊には経覚に対する警戒心が強く、経覚より先に入滅する夢を見たと、文明二年六月二十四日の日記に、政覚を門主と為し全院領を譲渡するとの置文を書し花押を据える程であったが、兼良は好意的で、自著『桃華蘂葉』に「經覺大僧正与家門如魚水、更不及子細、九條若公入室、是又不及豫儀」と、大方の批難をあびた尋実入室にも理解を示し、文明五年（一四七三）出家の際経覚を戒師としている。

別記十五冊は、重要な法会・行事及び所領支配等について記録したものであるが、大会と略称する最重要法会維摩会に関するものが最も多い。寺領支配については、寺務所管の能登・岩井川用水の五箇庄への引漑順決定に関する引付、隠居料所の中核をなす越前河口庄内細呂宜郷下方支配の引付がある。応永二十七年～三十一年の八朔礼引付は、将軍足利義持以下の贈答メンバーに経覚の政治力が窺われる。宝徳二年（一四五〇）の大僧正一座宣事は、北戒壇院隆雅の転大僧正を怒り、南都伝奏万里小路時房に法相宗一座宣下の申沙汰を依頼し、大僧正の上に列する大僧正一座宣を得た経緯を詳記したもので、日次記にも詳細に記している上に別記を作成したもので、経覚の性情の一端を現わすものである。但しこの大僧正一座宣は数日にして法相宗僧綱の上に列する法相宗一座宣に改められている。諸事考例の内大供分配の記事中に、その料所近江鯰江庄寄進状として聖武天皇勅施入願文写を掲げている。当時は『尋尊御記』に「大供分配事、〇中略料所近江國鯰江庄也、孝謙天皇御願也、」と記しているのを始として、孝謙天皇の勅施入と考えられている。その説に疑義を呈するものであろう。

尚、一・二・三・四・八・十・十六・十七・十九・二十一・二十二・二十四・二十六乙・二十七・二十九・三十・三十一・三十二・三十三・三十四・三十五・三十六・三十九・四十・四十一・四十五・四十五（四十六）・四十六・五十一・五十五・

五十六・五十七・五十九・六十一・六十二・六十三《六十四》・六十五・六十六・六十七・六十八・六十九・七十一・七十二・七十三・七十四《七十五》・七十五・七十七・七十八・八十・八十一の各冊に紙背文書を存する。

（小泉宜右）

〔九条家略系図〕

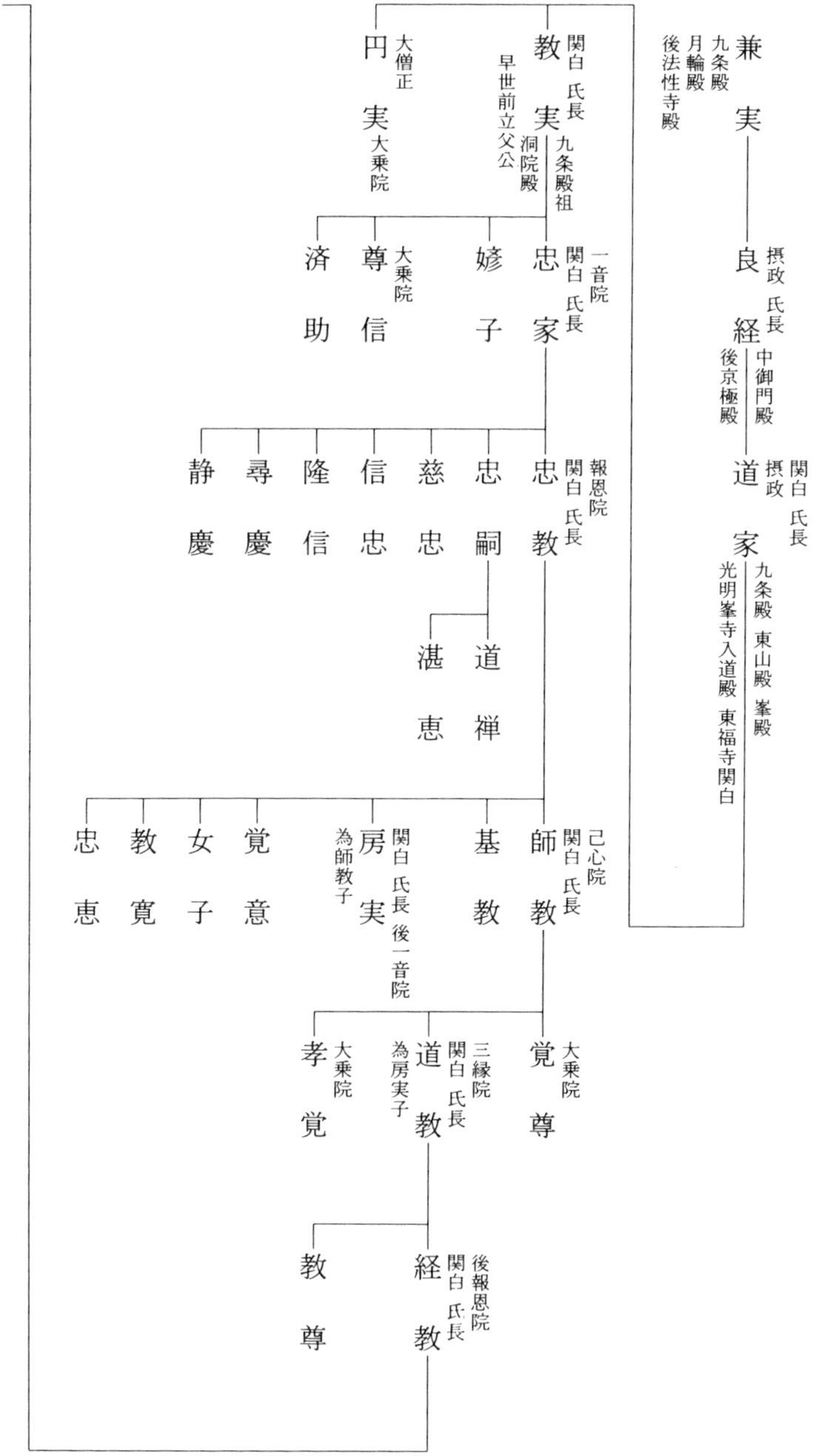

○東京大学史料編纂所所蔵摂家系図より抄出

- 忠基（後己心院　関白　氏長）
- 教信（大乗院禅師）
- 教嗣（右大臣　号中山）
  - 玄劉（教法院　往生院　浄土宗）
  - 実厳（加州小坂殿）
    - 尋実（〔満脱カ〕為教公子　加州禅師　加州小坂殿）
      - 若
      - 若
      - 女
    - 弥覚（東大寺別□〔当〕　扌少僧都　遁世　遂〔逐〕電）
  - 中明（知客　不動寺）
  - 僧都
  - 聖盈（書記　不動寺）
  - 女子
  - 女子
- 周噩（南禅寺方丈　鹿薗院）
- 尊経（三井長吏　三山検校）
- 孝円（大乗院　大僧正　興福寺別当）
- 女子（サカ）

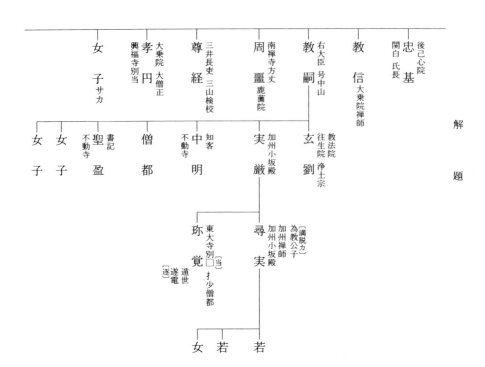

- 照阿　遁世者
  - 梵照房　浄土宗
  - 蓮明房　浄土宗
- 玄応　吉田尼宗〔衆カ〕
- 満教　後三縁院　関白　氏長
  - 君（加々丸）　北殿出家
    - 弥済　〔逐〕遂電　権少僧都　東大寺別当　改覚尋　弥覚弟子
  - 政忠　右大臣　前内大臣　従二位　実者北殿息弥済兄同母
    - 君（政紹）　東南院　丑十六
    - 君（忠承）　大安寺　丑十一　山　後毗沙門堂大僧正弟子（公承）
    - 君　山岡崎　丑十三
    - 君　丑八
    - 君　丑六
    - 女　丑二　各母菅在豊女（唐橋）
  - 政基　左大将　左大臣　右大臣　関白
  - 女子　不断光院尼衆
- 経覚　大乗院
- 周永　蔵主

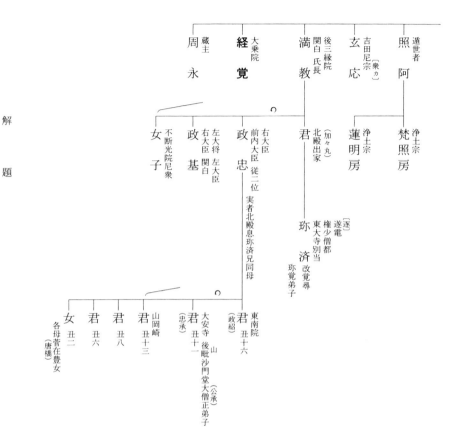

経覚私要鈔《きょうがくしようしょう》 第10　　史料纂集 古記録編〔第197回配本〕

2018年6月5日　初版第一刷発行　　定価（本体13,000円＋税）

校訂　小　泉　宜　右

発行所　株式会社　八 木 書 店　古書出版部
代表　八　木　乾　二
〒101-0052 東京都千代田区神田小川町3-8
電話 03-3291-2969(編集) -6300(FAX)

発売元　株式会社　八　木　書　店
〒101-0052 東京都千代田区神田小川町3-8
電話 03-3291-2961(営業) -6300(FAX)
https://catalogue.books-yagi.co.jp/
E-mail pub@books-yagi.co.jp

組　版　笠間デジタル組版
印　刷　平 文 社
製　本　牧製本印刷
用　紙　中性紙使用

ISBN978-4-8406-5197-4

(93) 通兄公記 2
(94) 妙法院日次記 9
(95) 泰重卿記 1
(96) 通兄公記 3
(97) 妙法院日次記 10
(98) 舜旧記 6
(99) 妙法院日次記 11
(100) 言国卿記 8
(101) 香取大禰宜家日記 1
(102) 政覚大僧正記 2
(103) 妙法院日次記 12
(104) 通兄公記 4
(105) 舜旧記 7
(106) 権記 3
(107) 慶長日件録 2
(108) 鹿苑院公文帳 全
(109) 妙法院日次記 13
(110) 国史館日録 1
(111) 通兄公記 5
(112) 妙法院日次記 14
(113) 泰重卿記 2
(114) 国史館日録 2
(115) 長興宿禰記 全
(116) 国史館日録 3
(117) 国史館日録 4
(118) 通兄公記 6
(119) 妙法院日次記 15
(120) 舜旧記 8
(121) 妙法院日次記 16
(122) 親長卿記 1
(123) 慈性日記 1
(124) 通兄公記 7
(125) 妙法院日次記 17
(126) 師郷記 6
(127) 北野社家日記 7
(128) 慈性日記 2
(129) 妙法院日次記 18
(130) 山科家礼記 6
(131) 通兄公記 8
(132) 親長卿記 2
(133) 経覚私要鈔 6
(134) 妙法院日次記 19
(135) 長楽寺永禄日記 全
(136) 通兄公記 9
(137) 香取大禰宜家日記 2
(138) 泰重卿記 3
(139) 妙法院日次記 20
(140) 太梁公日記 1
(141) 葉黄記 2
(142) 通兄公記 10
(143) 国史館日録(南塾乗) 5
(144) 妙法院日次記 21
(145) 義演准后日記 4
(146) 親長卿記 3
(147) 京都金地院公文帳 全
(148) 太梁公日記 2
(149) 勘仲記 1
(150) 経覚私要鈔 7
(151) 妙法院日次記 22
(152) 香取大禰宜家日記 3
(153) 通兄公記 11
(154) 教言卿記 4
(155) 神田橋護持院日記 全
(156) 太梁公日記 3
(157) 勘仲記 2
(158) 妙法院日次記 23
(159) 北野社家日記 8
(160) 迎陽記 1
(161) 松陰私語 全
(162) 楽只堂年録 1
(163) 経覚私要鈔 8
(164) 太梁公日記 4
(165) 兼宣公記 2
(166) 勘仲記 3
(167) 経覚私要鈔 9
(168) 楽只堂年録 2
(169) 妙法院日次記 24
(170) 護国寺日記 1
(171) 新訂増補兼見卿記 1
(172) 新訂増補兼見卿記 2
(173) 兼見卿記 3
(174) 楽只堂年録 3
(175) 太梁公日記 5
(176) 楽只堂年録 4
(177) 勘仲記 4
(178) 兼見卿記 4
(179) 護国寺日記 2
(180) 源敬様御代御記録 1
(181) 中臣祐範記 1
(182) 楽只堂年録 5
(183) 兼見卿記 5
(184) 護国寺日記 3
(185) 源敬様御代御記録 2
(186) 中臣祐範記 2
(187) 氏経卿神事記 1
(188) 迎陽記 2
(189) 勘仲記 5
(190) 兼見卿記 6
(191) 江戸幕府大坂金蔵勘定帳 全
(192) 中臣祐範記 3
(193) 楽只堂年録 6
(194) 護国寺日記 4

史料纂集既刊書目一覧表

古記録編

配本回数	書名	巻数
①	山科家礼記	1
②	師守記	1
③	公衡公記	1
④	山科家礼記	2
⑤	師守記	2
⑥	隆光僧正日記	1
⑦	公衡公記	2
⑧	言国卿記	1
⑨	師守記	3
⑩	教言卿記	1
⑪	隆光僧正日記	2
⑫	舜旧記	1
⑬	隆光僧正日記	3
⑭	山科家礼記	3
⑮	師守記	4
⑯	葉黄記	1
⑰	経覚私要鈔	1
⑱	明月記	1
⑲	兼見卿記	1
⑳	教言卿記	2
㉑	師守記	5
㉒	山科家礼記	4
㉓	北野社家日記	1
㉔	北野社家日記	2
㉕	師守記	6
㉖	十輪院内府記	全
㉗	北野社家日記	3
㉘	経覚私要鈔	2
㉙	兼宣公記	1
㉚	元長卿記	全
㉛	北野社家日記	4
㉜	舜旧記	2
㉝	北野社家日記	5
㉞	園太暦	5
㉟	山科家礼記	5
㊱	北野社家日記	6
㊲	師守記	7
㊳	教言卿記	3
㊴	吏部王記	全
㊵	師守記	8
㊶	公衡公記	3
㊷	経覚私要鈔	3
㊸	言国卿記	2
㊹	師守記	9
㊺	三藐院記	全
㊻	言国卿記	3
㊼	兼見卿記	2
㊽	義演准后日記	1
㊾	師守記	10
㊿	本源自性院記	全
51	舜旧記	3
52	台記	1
53	言国卿記	4
54	経覚私要鈔	4
55	言国卿記	5
56	言国卿記	6
57	権記	1
58	公衡公記	4
59	舜旧記	4
60	慶長日件録	1
61	三箇院家抄	1
62	花園天皇宸記	1
63	師守記	11
64	舜旧記	5
65	義演准后日記	2
66	花園天皇宸記	2
67	三箇院家抄	2
68	妙法院日次記	1
69	言国卿記	7
70	師郷記	1
71	義演准后日記	3
72	経覚私要鈔	5
73	師郷記	2
74	妙法院日次記	2
75	園太暦	6
76	園太暦	7
77	師郷記	3
78	妙法院日次記	3
79	田村藍水西湖公用日記	全
80	花園天皇宸記	3
81	師郷記	4
82	権記	2
83	妙法院日次記	4
84	師郷記	5
85	通誠公記	1
86	妙法院日次記	5
87	政覚大僧正記	1
88	妙法院日次記	6
89	通誠公記	2
90	妙法院日次記	7
91	通兄公記	1
92	妙法院日次記	8

史料纂集既刊書目一覧表

⒆5	源敬様御代御記録	3
⒆6	新訂増補兼宣公記	1
⒆7	経覚私要鈔	10

古文書編

配本回数	書名	巻数
①	熊野那智大社文書	1
②	言継卿記紙背文書	1
③	熊野那智大社文書	2
④	西福寺文書	全
⑤	熊野那智大社文書	3
⑥	青方文書	1
⑦	五条家文書	全
⑧	熊野那智大社文書	4
⑨	青方文書	2
⑩	熊野那智大社文書	5
⑪	気多神社文書	1
⑫	朽木文書	1
⑬	相馬文書	全
⑭	気多神社文書	2
⑮	朽木文書	2
⑯	大樹寺文書	全
⑰	飯野八幡宮文書	全
⑱	気多神社文書	3
⑲	光明寺文書	1
⑳	入江文書	全
㉑	光明寺文書	2
㉒	賀茂別雷神社文書	1
㉓	沢氏古文書	1
㉔	熊野那智大社文書	索引
㉕	歴代古案	1
㉖	歴代古案	2
㉗	長楽寺文書	全
㉘	北野神社文書	全
㉙	歴代古案	3
㉚	石清水八幡宮文書外	全
㉛	大仙院文書	全
㉜	近江大原観音寺文書	1
㉝	歴代古案	4
㉞	歴代古案	5
㉟	言継卿記紙背文書	2
㊱	福智院家文書	1
㊲	福智院家文書	2
㊳	朽木家文書	1
㊴	別本歴代古案	1
㊵	朽木家文書	2
㊶	京都御所東山御文庫所蔵地下文書	全
㊷	石清水八幡宮社家文書	全
㊸	別本歴代古案	2
㊹	別本歴代古案	3
㊺	京都御所東山御文庫所蔵延暦寺文書	全
㊻	福智院家文書	3
㊼	籠手田文書	全
㊽	尊経閣文庫所蔵石清水文書	全